précipuaire à l'aîné. Quelquefois à un autre, mais rarement. La coutume du droit d'aînesse est enracinée.

Si vous demandez à ces parents pourquoi ils agissent ainsi, ils vous répondront que cela s'est toujours fait. C'est la seule raison qu'ils donnent, D'après eux, puisque cela a eu lieu, il faut continuer.

Et les malheureux, pour se conformer à une habitude, à un ouï-dire sans nul motif plausible, créeront des parias, un paupérisme de famille parmi leurs enfants. Ils sèmeront la division, et plus souvent la haine, entre frères et sœurs ; et cela nous le répétons, par simple esprit d'imitation, copiant, comme des singes non des grimaces, mais des coutumes dont ils se garderaient bien d'étudier la cause. Sans la loi française ils continueraient comme les Anglais, à donner tout à l'aîné, laissant aux autres la misère et l'abandon.

Erreur nobiliaire

Il y a aussi des retardataires parmi ceux qui possèdent et cherchent à singer les seigneurs d'autrefois, croyant au retour de choses impossibles. Mais ces retardataires obstinés ignorent que la noblesse n'a de valeur que par les privilèges qu'elle octroie.

Ils lancent l'anathème contre ce qui est, mais obligés de payer l'impôt, de participer aux charges publiques, leurs biens subdivisibles sont soumis au courant général. Il adviendra pour eux et pour tous les peuples qui ont encore une noblesse privilégiée, la nécessité forcée de suivre l'exemple grandiose que la France a donné en 1789.

Nous citerons encore comme exemple des bizarreries de l'esprit humain, qui ne sait jamais suivre longtemps le vrai chemin, la loi, qui, vers le Xme siècle, permettait au seigneur de tuer un manant moyennant la donation au roi de *5 sous* d'or.

Les temps ont changé. Le progrès a marché ; mais voici, qu'au moment où il semblait assuré, les lois et les mœurs, par une tendance absurde, veulent, renversant les rôles, faire

ÉCONOMIE SOCIALE

ÉTUDES

SUR

L'EXTINCTION DU PAUPÉRISME

ET DE LA MENDICITÉ

SUR

LES SYNDICATS PROFESSIONNELS PERMANENTS

SUR LES GRÈVES

ET

sur l'influence Sociale de l'emploi des Machines

PAR

Le Capitaine AMAN VIGIÉ

MARSEILLE
IMPRIMERIE GÉNÉRALE ACHARD ET Cie
3 et 5, rue du Chevalier-Roze, 3 et 5
—
1885

LE PAUPÉRISME

Sa définition

Cette expression relativement nouvelle est ainsi définie dans l'abrégé du dictionnaire Larousse (1874) :

« Etat permanent d'indigence dans une partie de la population d'un pays. Le paupérisme est le fléau de l'Angleterre. »

Voilà, selon nous, une définition qui n'enseigne pas grand chose et, sur ces données, le diagnostic du mal serait difficile à formuler.

Le mot indigence est une expression vague et ne donnant aucune idée de relation sociale.

Le riche et le pauvre

Où s'arrête l'indigence et à quel point commence la fortune ?

La réponse nous parait simple, mais nous sommes à peu près certains de trouver peu de gens de notre avis.

Cela tient à ce que les idées sont assez souvent portées à formuler des conclusions générales sur un fait isolé, au lieu de chercher un nombre de points de comparaison suffisants pour former une base sérieuse. On dit M. un tel est riche, un tel est indigent. Les comparaisons ne vont guère au delà.

L'homme sauvage est-il un indigent ?

Nous allons chercher une base plus positive.

Nous prendrons l'homme à son état primordial et nous nous

dirons : L'individu à l'état sauvage, qui ne possède rien, pas même un vêtement, est-il un indigent.

La réponse sera évidemment : Non !

Nous savons qu'il y a des peuplades, en Afrique, qui n'ont ni asile, ni abri, ni vêtements et vivent comme les singes et les oiseaux, en prenant sur les arbres les bananes, dattes, oranges et autres fruits qui suffisent à leur nourriture.

Pour un grand nombre d'êtres dits civilisés cette manière de vivre semblerait enviable... mais de loin seulement.

Les hommes habitués à jouir des avantages que la civilisation et la société procurent à leurs adhérents, auront peine même à comprendre que cette vie d'insouciance, d'alertes, de souffrances sans compensations, puisse être préférée à celle d'un bien-être relatif, petit, si l'on veut, en le comparant aux préférés de la fortune, mais immense si on le met en regard du sauvage dont nous avons parlé.

Le sauvage armé d'un bâton est riche

Le sauvage qui n'a rien est inférieur et de beaucoup à son camarade qui sera armé d'un bâton ; celui qui aura le bâton sera en dessous d'un autre dont le bâton, formant lance, se trouvera muni d'une pointe en pierre, en fer ou en acier, lui permettant d'attaquer et de se défendre.

Et en suivant la comparaison jusqu'aux degrés les plus élevés de l'échelle sociale, il sera difficile de trouver un arrêt séparant d'une manière apparente, ce que l'on appelle : le pauvre et le riche.

L'esclavage

Là où il y avait, là où il y a, malheureusement encore, des esclaves, les différences sont tranchées.

Le maître et l'esclave forment deux espèces différentes. Mais dès que l'esclavage a disparu, il n'y a et il ne peut y avoir qu'une famille humaine composée d'individus ayant plus ou moins, possédant plus ou moins, mais tous égaux devant la loi.

Chez l'homme libre il n'y a pas de distinction de races

Dans un Etat social démocratique, là où le règne de la loi trône sur tous et sur tout, aucune distinction de classe n'est durable ; le pauvre d'aujourd'hui pourra être le riche de demain « et vice versâ. »

Le paupérisme sera donc dans ce cas un mot vide de sens, en l'appliquant dans son acception habituelle.

Et pour ne plus revenir sur le vague de la définition du dictionnaire Larousse, nous ferons remarquer que l'expression : Le paupérisme est le fléau de l'Angleterre, nous permet une constatation.

L'Anglais, ayant encore les divisions par classes de noblesse territoriale, ôte aux masses la faculté d'avoir, à elles, une cabane, un coin où la famille soit réellement chez elle.

C'est leur laisser la vie nomade à perpétuité.

Or, la civilisation, basée sur la propriété, sur l'attachement au sol, se trouve enrayée par ce seul fait.

Ce n'est pas que tout le monde puisse devenir propriétaire du sol. En cela, comme en tout, la liberté doit régner, mais en l'immobilisant entre quelques mains, on a créé un véritable monopole.

Le mot de César

César disait qu'il préférerait être le premier dans un village que le second à Rome.

Tout homme est comme César : La possession d'un bien quelconque le rendra heureux, le poussera au travail et maintiendra son ardeur. Sachant qu'il peut obtenir la propriété par ses économies, il se considérera comme vrai propriétaire : La pensée qui obsède les esprits soumis à l'esclavage, le désespoir de l'avenir, ne se produira pas chez lui.

Si, au contraire, comme le sauvage, il ne vit qu'au jour le jour, il n'y aura plus en lui ni émulation, ni persévérance. Cela se conçoit si facilement qu'il est inutile d'insister.

ÉCONOMIE SOCIALE

ÉTUDES

SUR

L'EXTINCTION DU PAUPÉRISME

ET DE LA MENDICITÉ

SUR

LES SYNDICATS PROFESSIONNELS PERMANENTS

SUR LES GRÈVES

ET

sur l'influence Sociale de l'emploi des Machines

PAR

Le Capitaine AMAN VIGIÉ

MARSEILLE

IMPRIMERIE GÉNÉRALE ACHARD ET Cie

3 et 5, rue du Chevalier-Roze, 3 et 5

1885

Il faut donc que tous puissent y participer en remplissant les conditions qu'impose sa garantie.

Nous avons formulé le premier cette loi dans nos écrits, en qualifiant du nom de propriété, non seulement la propriété territoriale mais tout ce que l'on possède ou que l'on peut posséder.

Les Anglais ont pu le comprendre, mais le monopole, une fois établi, il est puissant et difficile à renverser.

Richesse donnée à la France par le morcellement

Si la France est peut-être la plus riche, la plus puissante et la plus avancée de toutes les nations actuelles (1883), cela tient surtout au morcellement de la propriété qui garantit contre les révolutions, et garantira encore plus facilement, lorsque les idées que nous émettons auront été comprises par tous.

Persistance des idées nobiliaires

Malheureusement il y a encore en France, un grand nombre de gens qui, ne sachant au-delà de ce qu'ils ont entendu dire par de vieux parents, n'ayant lu que les livres enseignés jusqu'à ce jour dans les écoles, rêvent un retour à l'ancienne constitution sociale.

Ici, nous ferons une remarque qui nous paraît des plus intéressantes. C'est que, si les mœurs font les lois, les lois font aussi les mœurs.

Nous en avons la preuve dans ce fait, qui se continue en France et, principalement dans les campagnes, où la routine se perpétue plus longuement par l'absence d'éducation.

Ce fait aurait, peut-être, gardé des proportions désolantes sans les précautions prises par les législateurs de 89.

Le quart précipuaire

Dans les 3/4 de la France, les parents, divisant d'avance les biens qu'ils doivent laisser à leurs enfants, donnent le quart précipuaire à l'aîné. Quelquefois à un autre, mais rarement. La coutume du droit d'aînesse est enracinée.

Si vous demandez à ces parents pourquoi ils agissent ainsi, ils vous répondront que cela s'est toujours fait. C'est la seule raison qu'ils donnent, D'après eux, puisque cela a eu lieu, il faut continuer.

Et les malheureux, pour se conformer à une habitude, à un ouï-dire sans nul motif plausible, créeront des parias, un paupérisme de famille parmi leurs enfants. Ils sèmeront la division, et plus souvent la haine, entre frères et sœurs ; et cela nous le répétons, par simple esprit d'imitation, copiant, comme des singes non des grimaces, mais des coutumes dont ils se garderaient bien d'étudier la cause. Sans la loi française ils continueraient comme les Anglais, à donner tout à l'aîné, laissant aux autres la misère et l'abandon.

Erreur nobiliaire

Il y a aussi des retardataires parmi ceux qui possèdent et cherchent à singer les seigneurs d'autrefois, croyant au retour de choses impossibles. Mais ces retardataires obstinés ignorent que la noblesse n'a de valeur que par les privilèges qu'elle octroie.

Ils lancent l'anathème contre ce qui est, mais obligés de payer l'impôt, de participer aux charges publiques, leurs biens subdivisibles sont soumis au courant général. Il adviendra pour eux et pour tous les peuples qui ont encore une noblesse privilégiée, la nécessité forcée de suivre l'exemple grandiose que la France a donné en 1789.

Nous citerons encore comme exemple des bizarreries de l'esprit humain, qui ne sait jamais suivre longtemps le vrai chemin, la loi, qui, vers le Xme siècle, permettait au seigneur de tuer un manant moyennant la donation au roi de *5 sous* d'or.

Les temps ont changé. Le progrès a marché ; mais voici, qu'au moment où il semblait assuré, les lois et les mœurs, par une tendance absurde, veulent, renversant les rôles, faire payer au patron les maladresses des ouvriers, ruiner les sociétés pour en faire profiter les ouvriers, etc., et ralentir ainsi le progrès.

On a renversé la statue, mais le piédestal est resté dans les esprits qui trouvent juste aujourd'hui, de replacer la statue, mais *la tête en bas.*

La balance de la justice, a simplement changé la place du plateau ; heureusement qu'elle oscille et finira par reprendre l'équilibre.

Le sauvage n'a pas de propriété

Le sauvage meurt souvent de faim et de misère au milieu même des richesses d'un climat particulièrement favorisé.

Sortant du sommeil, il est comme l'oiseau il n'a qu'un but : chercher sa nourriture.

Richesse de l'homme civilisé

L'homme civilisé, au contraire, trouve sous sa main, voit autour de lui, ce qu'on pourrait appeler tous les biens de la terre, mis à sa portée.

S'il a été prévoyant, il peut faire préparer à l'avance tout le confortable qui lui plaira et, sans sortir de chez lui, se procurer toutes les choses, tous les fruits, toutes les richesses que l'Orient, l'Occident, le Nord et le Sud tiennent à sa disposition.

Tout cela lui appartient, à la seule condition de participer à la grands œuvre de la richesse humaine, *le travail.*

On lui demande le travail pour les autres, comme les autres le font pour lui.

Les personnes qui n'auront pas appris à calculer — et le nombre en est grand — se figurent que ce que nous disons là, des produits et richesses dont tout le monde peut profiter, est le privilége, seulement, des favorisés de la fortune.

C'est une erreur ; et, si on se donne la peine de réfléchir, on verra qu'un peu plus ou un peu moins, tout travailleur économe peut être presque aussi bien soigné que le plus riche.

Les vêtements, la nourriture, jusqu'aux amusements, tout cela tend à s'égaliser de plus en plus.

L'enfant à sa naissance

L'enfant, riche ou pauvre, vient au monde nu et sans force ; ses parents sont chargés par la nature, qui leur en fait un plaisir en même temps qu'un devoir, de le soutenir et de le défendre.

Layette du civilisé

Même avant sa naissance (*capital accumulé d'avance*), la mère a préparé sa première layette et le père a dû fournir le berceau.

Layette du Sauvage

A l'état de sauvagerie, layette et berceau sont les bras de la mère et quelques branches plus ou moins feuillées. La mère et l'enfant sont malades et meurent vite, si le père ne peut pourvoir à leurs besoins en leur apportant des fruits, du gibier ou du poisson.

Les peuplades barbares vivent peu, nous l'avons dit ; si elles se conservent ce n'est que grâce à un climat favorable et spécial.

A l'état de civilisation, au contraire, le petit être qui voit la lumière, trouve préparé d'avance tout ce qui est utile, agréable et peut lui éviter des souffrances.

S'il y a quelques exceptions à cette règle générale, ce ne peut être que par la faute des parents ; et encore, faut-il que la société ne soit pas instruite de ces faits, sans quoi elle suppléerait, d'elle-même, comme cela a lieu pour les enfants abandonnés.

L'âge venant, les besoins de l'enfant grandissent et cependant il ne peut travailler encore et reste à la charge de sa famille. Il forme son éducation et ne la quitte qu'à l'heure où son adolescence lui permet de commencer à faire certains travaux proportionnés à son âge.

Comparons encore ici l'état sauvage à l'état civilisé :

L'enfant du sauvage

Le petit sauvage vit presque au hasard. A l'heure où il peut grimper sur l'arbre il est comme le singe, comme tout animal, presque uniquement occupé à la recherche de sa nourriture.

L'enfant du civilisé

L'autre enfant, grâce à la civilisation, trouve en abondance nourriture, vêtements, logement et tout ce qui lui est nécessaire.

La différence entre les deux petits êtres, est encore plus tranchée qu'entre l'homme sauvage et le civilisé.

Prévoyance

La prévoyance est la cause et la nécessité de la civilisation ; c'est sous son influence qu'on a décrété la première loi de la société moderne : *La garantie de la propriété.*

Cette loi tutélaire produit l'accumulation de la richesse.

Citons quelques exemples : Un père veut préparer le berceau de son fils : il veille, il travaille de cœur pour le terminer.

Mais sans la garantie de sécurité que la société lui donnera, le premier venu, un plus fort, s'emparera du berceau et par malice ou mauvais instinct, brisera en un instant l'œuvre que le père aura faite avec amour.

L'homme ne peut vivre en plein air, même dans les climats les plus tempérés.

Outre le berceau, il faudra un abri pour la mère comme pour l'enfant, il faudra donc une cahute, une cabane, une maisonnette ou maison. Pour l'élever ou la bâtir, il faut du temps et de plus, que le travail fait soit conservé.

Si le grand'père a bâti la cabane, si le fils a fait la maisonnette, le petit-fils fait la maison et les générations futures la meubleront, l'embelliront, l'agrandiront, s'il le faut.

Richesses accumulées par les générations

Tout cela produit une agglomération de travaux qui, s'accumulant, forment la richesse de la famille, d'où découle la fortune publique.

Remarquons à ce sujet, qu'il a fallu plusieurs générations pour élever l'édifice.

Ceux qui le trouvent préparé lorsqu'ils viennent au monde, n'ont plus à s'en préoccuper, et peuvent employer leur temps à se créer d'autres biens, d'autres moyens de bien-être.

Ce que nous venons de dire pour les logements, s'applique également aux vêtements, aux outils et instruments de tous genres.

La Machine

En déclarant que la propriété était la base de toute indépendance, nous avons fait remarquer que tout instrument participait à la disposition générale. Parmi les instruments, nous signalerons surtout ceux qui, sous la définition générale de machines, prennent une part de plus en plus prépondérante dans l'industrie humaine.

Grâce à ces agents d'une force, inconnue autrefois et, aujourd'hui déjà presque sans limites, la puissance humaine a centuplé.

Les obstacles les plus insurmontables en apparence ont pu être franchis, on a pu niveler les montagnes et combler des mers en domptant toutes les résistances.

La machine, sous toutes ses formes, est le plus puissant auxillaire, l'ami docile qui se prête à tout et est toujours disponible.

D'où l'on doit conclure qu'à chaque nouvelle découverte, à chaque production d'une nouvelle machine, la richesse publique s'est accrue.

On ne comprend vraiment pas, l'absence de logique qui a cours parmi certains ouvriers, et qui leur fait prendre en haine ce qui peut leur apporter le bien être relatif et la fortune même.

Utilité des Machines

Un champ demandait 10 ouvriers et 100 heures de travail, ne machine remplace 9 de ces ouvriers et fait, plus rapide-ient à elle seule, la besogne rude et pénible qui procurait le lé nécessaire à tous.

Voilà donc 9 personnes inoccupées de ce côté et pouvant aire des choses moins pénibles.

Remarquons que la nourriture de tous sera préparée avec la achine, de telle façon que, quoique n'ayant pas eu à s'en réoccuper, leurs vivres se trouveront assurés, exactement omme s'ils eussent employé leurs forces à remuer la terre.

Faites l'application de l'exemple que nous venons de citer, tous ceux dans lesquels la machine ou instrument peuvent emplacer le bras de l'homme, et vous serez promptement nvaincu, que, si l'accumulation des richesses individuelles rme, ainsi que nous l'avons démontré, la richesse de tous, augmentation des machines sera la véritable base et indica-ion de cette richesse.

C'est par suite d'une éducation mal faite, d'une aberration 'esprit, qu'on arrive, dans certains centres, dans certaines oteries, à considérer la machine comme un ennemi.

Les promoteurs de pareilles idées n'y voient pas plus loin ue le bout de leur nez. Parce qu'une industrie est déplacée ar une machine nouvelle et les gêne, peut-être, un moment, ls se croient perdus et crient parce qu'ils ont peur ; peur d'un hangement, même avantageux.

Effets produits par l'accumulation

Voici une chose qui ne se produira probablement jamais, ais qui pourtant serait possible, sans qu'il y eût lieu de crier u miracle.

On peut l'admettre en principe et, comme exemple :

Supposez une île, un pays où, au moyen de machines plus mbreuses et plus perfectionnées, on ait eu la facilité de labourer, semer et récolter sur un plus vaste espace, de façon à avoir un approvisionnement de grains pour trois années ou plus.

Faites la même supposition à l'égard des vêtements, des choses usuelles, en un mot de tout ce qui est nécessaire à la vie.

Naturellement, à ce moment, les machines pourront se reposer et les hommes, qui auront récolté, n'auront à s'occuper que de la conservation des produits et de l'entretien de leurs moteurs.

La population entière, ayant à l'avance de quoi satisfaire aux besoins connus, s'en créera d'autres et en demandera satisfaction aux travailleurs.

Soit pour les amusements, soit pour de nouvelles utilités, il faudra des bras, et ces bras seront facilement payés avec le stock du nécessaire.

Où se trouveraient les pauvres dans notre Eldorado des machines ?

Et cet Eldorado sera, le jour, peut-être prochain, ou l'on aura trouvé un moyen facile d'emmagasinage de la force.

Ce jour-là, l'homme sera le maître de la nature. Ses instruments ouvriront à volonté les flancs de la terre, soit pour y chercher les richesses minérales, soit pour préparer les terrains propices à la production des récoltes.

Alors, on prendra sur les montagnes, à la source des fleuves, les eaux d'arrosages qui sillonneront les pentes, ruisselleront dans les vallées et, après avoir fertilisé les plaines, iront rejoindre le lit final que la nature leur aura préparé.

Et, dans sa course régularisée, le fleuve aura semé la verdure, les pâturages et, partout, les germes développés à volonté, couvriront les airs embaumés par les effluves d'une végétation luxuriante.

Quand on aura trouvé un emmagasinage assuré, l'homme sera en possession d'une force presque sans limites.

Pour rendre compte de notre manière de voir, relativement

à cet emmagasinage, nous allons supposer comme étant résolu, un problème qui est à l'étude.

Ce problème a même déjà reçu un commencement d'exécution, ce qui nous fait espérer que, s'il ne se réalise pas entièrement selon nos idées, il ne viendra pas moins en augmentation de la future agglomération de puissance mécanique formant un immense réseau d'aides divers, et de toutes natures, mis au service de l'humanité.

Moteurs à air comprimé

Notre problème est celui de l'action comme moteur de l'air comprimé.

On a des tramways à Nantes, qui marchent avec ce moteur, lequel, toutefois, laisse encore à désirer pour sa mise en action.

Supposons qu'on trouve, ce qui arrivera probablement, un mode pour mettre cet air comprimé dans des réservoirs de diverses dimensions, des bouteilles en fer par exemple. On aura alors la faculté de réunir à des stations, des provisions de ces bouteilles, comme on a aujourd'hui au bord des gares des provisions d'agglomérés, qui forment parfois de vrais petits monticules.

Supposons qu'on eut, au moyen d'un ajustage, la communication entre une de ces bouteilles et une roue motrice quelconque. On pourra prendre ce moteur et avec sa force, mettre en mouvement, pendant un temps donné, un véhicule de petite dimension.

Si on obtient une marche avec une de ces bouteilles, avec deux, trois et plus on aura des forces doubles et triples, comme cela a lieu pour tous les moteurs.

Seulement, celui formé par l'air comprimé aura des avantages que nul autre système ne présente à l'heure actuelle :

1° La source fournissant le moteur est inépuisable.

2° Elle peut être alimentée par des forces qui sont à notre discrétion et ne coûtent, pour ainsi dire, presque rien.

Le vent, l'eau ou les eaux courantes. La chaleur solaire, avec les nouveaux systèmes d'emploi.

Toutes ces puissances sont à notre disposition et seraient partout prêtes à empiler l'air dans nos bouteilles et réservoirs.

Un véhicule, un wagon arrivant près d'un dépôt de réservoirs d'air comprimé, déposerait ceux qui lui auraient servi et en prendrait de garnis et prêts à fonctionner.

Et un nouveau remplissage aussi facile que le premier formerait un mouvement constant.

Peut-on rêver rien de plus grandiose?

L'imagination ose à peine entrevoir tout ce qui pourra se déduire d'une production sans limites, mettant à la discrétion de l'homme les forces de la nature, sans autre travail que celui de simple entretien de quelques machines, pouvant produire, en même temps et à volonté, la chaleur et le froid, la condensation et l'expansion.

L'être humain, nous ne pouvons nous empêcher de le consigner de nouveau, aura pour aide, le soleil lui apportant un moteur facile, le vent, l'eau qui, par leur mouvement, lui procureront une force inépuisable. A ce moment un simple mécanicien aura plus de puissance, que l'imagination des hommes n'avait pu en accorder jadis au « maître du tonnerre. »

A cette époque le mot Paupérisme aura disparu et les plus indigents seront des Crésus à côté des « principicules actuels » de l'Afrique centrale.

Ce qui forme la richesse générale

Revenant au point de départ de la famille humaine, nous remarquerons que ce qui éxiste forme une richesse s'étendant, non-seulement aux descendants du grand-père, mais à tous les membres de la société.

Tous sont intéressés à sa conservation

Il semblerait, de prime-abord que ces derniers sont désintéressés à l'acquit de la fortune des autres, mais un peu de réflexion fera comprendre que les intérêts de tous sont unis par une solidarité effective.

On croit généralement qu'une maison brûlée, un navire perdu, ne sont un malheur que pour les personnes directement atteintes par le désastre.

Il n'en est pas ainsi. La diminution des richesses dont on ne ressent point l'effet immédiat, n'en est pas moins une perte générale.

Nous n'insisterons pas pour démontrer cette vérité qui sera signalée plus loin.

Ce qui forme la fortune publique

Nous nous contenterons de faire remarquer, que la fortune publique peut se comparer à un fleuve ou à une mer. L'assemblage des gouttes d'eau forme d'abord le ruisseau, puis la rivière, le fleuve et la mer. De même, la diminution d'une portion quelconque de ces parties, rejaillit sur le tout, et réduit, d'autant, l'assemblage le plus immense.

Les progrès acquis

Pour comprendre la grandeur du progrès atteint jusqu'à ce jour, il est utile de se reporter au passé.

Les sociétés à leur naissance ne possédaient aucune industrie, vivaient au jour le jour, s'adonnant uniquement à la recherche de la nourriture. La chasse était leur fournisseur de vivres et de vêtements et elle devait être bien peu productive, puisqu'ils étaient à peu près sans armes.

Aussi chez ces premières races l'accumulation de la fortune était un mythe. Elle ne pouvait, avoir lieu que lorsque la nature y pourvoyait d'elle même.

Un champ couvert de grains, d'une récolte quelconque pouvant servir à la vie, était le trésor de l'époque, et quand on en découvrait, on devait le saluer par des cris d'une joie indicible.

Voici une légende de ces temps-là :

Légende de la Société

Ils étaient vingt — ils étaient cent, qui sait ? Vivant au jour le jour, couchant dans les cavernes ou sur des arbres, mais se réunissant pour chasser, et se défendre contre les animaux sauvages plus forts qu'eux.

Un jour la bande rencontra un champ que la nature avait garni de magnifiques épis de blé ; instinctivement, tous comprirent qu'il y avait là une base de nourriture et ils s'en régalèrent à qui mieux mieux.

N'ayant pas épuisé le champ, ils y revinrent le lendemain et jours suivants. Ils s'aperçurent, bientôt, qu'ils n'étaient pas les seuls à manger le blé et que les oiseaux leurs faisaient une rude concurrence ; ils ne pouvaient s'éloigner sans en voir aussitôt, une bande se précipiter sur les épis qui restaient encore.

En ce temps-là, ni les arcs ni les flèches n'étaient inventés, et les malheureux n'avaient d'autres moyens de chasser les oiseaux et quelques fauves, qu'en poussant des cris ou en imitant les hurlements des bêtes sauvages.

Plusieurs jours ils restèrent autour du champ, faisant ainsi garde en commun ; mais d'autres besoins que ceux de la nourriture se faisaient sentir ; des peaux de bêtes formant leurs vêtements avaient besoin d'être remplacées ; la paille amassée dans les troncs de leur caverne avait besoin d'être renouvelée, etc.

Il y eut grand embarras dans la société naissante.

Jusque là, tous ses membres avaient suivi l'un d'entr'eux, le premier venu, comme le font encore de nos jours les chevaux sauvages, mais l'homme est l'homme, et l'intelligence était en germe au cerveau de nos premiers parents.

Les premiers conciliabules

Après des recherches, dont la longueur serait incompréhensible aujourd'hui, on arriva à comprendre qu'il fallait se diviser ; les uns partirent pour la chasse et d'autres restèrent gardiens du champ.

Le premier salaire

Cet état de choses dura peu ; les gardiens trouvèrent que leur charge était plus lourde que celle des chasseurs, et l'on allait presque abandonner le champ aux oiseaux, lorsqu'un des plus intelligents, proposa de récompenser les gardiens, en leur apportant une part de chasse, de la chair et des peaux de bêtes. *Ce fut là le premier salaire.*

Une part de chair et une peau de bête

L'instinct humain avait compris que tout travail n'est fait que dans le but d'une rémunération. C'était une lueur bien faible le premier jour, mais il a suffi de ce point de départ pour arriver aux formations les plus avancées des sociétés modernes.

La première propriété

Le produit de la rémunération du travail fut la première propriété. La peau de bête reçue sembla préférable à celle que l'on aurait acquise par la chasse, et l'instinct de la propriété se développa. Cet instinct semble encore plus inhérent à la nature humaine que celui de la rémunération du travail.

Le sentiment de la propriété est inné chez l'homme

L'enfant à la mamelle est jaloux du sein qui le nourrit. Dès qu'il a plus de connaissance, il s'attache aux joujoux qu'on lui donne et, même quand il n'en veut plus, il ne les laissera pas prendre par d'autres.

Puissance de la Propriété

L'homme, à son tour, affirmant les sentiments de l'enfance, comprend encore mieux la force et la puissance que donne la propriété.

C'est en réunissant ce sentiment à ceux que l'intelligence a développés en lui, qu'il a fondé, presque insciemment, ce qui fait l'égide et le soutien de la société moderne.

Remarquons ici, que de même qu'il fallait des hommes pour garder le champ de blé, de même il a fallu instituer des gardiens de la propriété et de la société.

A ces derniers, on n'a pas eu à donner des peaux de bête et de la viande, mais il a fallu remplacer cela, par des équivalents variables, et plus appropriés aux mœurs et habitudes que la civilisation a apportées, dès qu'elle est devenue plus avancée.

Bienfaits de la Propriété

Nous avons insisté sur la démonstration du principe de la propriété, comme assise et base de toute société, de tout état social, par le motif que selon nous, cette vérité n'a été reconnue que de nos jours et, encore, elle est laissée bien en dehors et mise en doute par le plus grand nombre.

La civilisation est venue par tâtonnements

Il est arrivé, pour la civilisation actuelle, que les tâtonnements et la force des choses ont plus fait que le raisonnement et la logique.

De prime-abord, on s'explique difficilement ce fait :

« Etant donnée la perspicacité, la justesse d'esprit de certaines intelligences, on se demanderait comment un principe d'une telle puissance et d'une importance aussi capitale, aurait échappé à leur vue et ne se serait pas introduit plus rapidement dans les masses, qui l'ignorent encore ?

La peur origine et force des Superstitions

La principale cause du retard a été la peur.

L'homme sent instinctivement sa faiblesse et le besoin d'une aide, d'un appui. Souvent il ne peut les chercher en lui ; il ne les voit pas toujours à sa portée et son imagination le pousse à les demander aux causes occultes, au merveilleux.

Et c'est là l'origine de toutes les supertitions : *la peur !*

lui qui réfléchira à l'immense puissance que cette cause recours au merveilleux, ont pu exercer et exercent encore les imaginations, se demandera s'il est besoin d'autre motif pour expliquer la lenteur qu'a mis le progrès à se produire.

Sous l'influence de ce sentiment, l'instruction a été comprimée et l'illogicisme a servi de règle.

Effet de la peur

La peur, la crainte, la frayeur, rendraient compte de la plupart des faits qui se sont passés dans l'histoire ancienne.

Les hommes entraînés bestialement, se mettaient à la merci de chefs, qui abusaient d'un pouvoir souvent surpris et le maintenaient par les tortures et autres moyens cruels.

Les masses, n'ayant que leur instinct, suivaient en aveugles. Il a fallu l'effort des siècles pour amener, peu à peu, les esprits à la connaissance et à l'application des règles générales qui ont enfin pris le dessus et, modifiant les idées, ont ouvert la voie nouvelle du progrès constant.

Il fallait combattre un sentiment inné et le remplacer par un sentiment contraire.

L'éducabilité, dont nous avons établi la puissance dans un autre travail, a indiqué le seul remède contre la peur, et ce remède a pris le nom de sécurité sociale.

La Sécurité sociale.

Pendant des siècles la sécurité sociale est restée inconnue ou inaperçue, sinon instinctivement.

On élevait dans les états, des personnages que l'on supposait plus forts, on les entourait d'honneurs et de puissance de manière à en former de véritables idoles. On leur donnait tous les droits possibles et, sous leur domination toute puissante, on se croyait à l'abri comme sous une égide invulnérable.

Or, cette puissance n'était ni ne pouvait être que factice et passagère. L'homme est homme avant tout. Après avoir créé l'idole, on était forcé de reconnaître que, si élevé que fut le piédestal, celui qui le surmontait n'avait pas plus de valeur que d'autres.

Ainsi pour chercher la sécurité, on avait donné naissance à la tyrannie, son ennemi acharné.

Et les esprits étaient dévoyés.

Comme suite de ces aberrations, ne voit-on pas une de ces erreurs subsistant encore, aujourd'hui ? Des individus en apparence sensés et réfléchis, s'attacher au souvenir de ces régimes des temps passés, chercher à les recréer et se mettre à leur rescousse pour arriver au pouvoir.

Hélas ! ces apôtres du passé ne font que copier les erreurs antiques. Ils ne se doutent guère qu'en cherchant un abri, ils glissent sous un rocher branlant, dont la chute les écraserait et réduirait à néant leurs aspirations quasi antédiluviennes.

Aujourd'hui parmi les nations qui tiennent la tête du progrès, même avec des institutions arriérées et copiées des âges de misères ;

Aujourd'hui que le règne de la loi a remplacé, presque partout, la règle du bon plaisir, la toute puissance d'un chef suprême ou plutôt de son entourage ;

On pourra formuler en lettres d'or la loi sociale suivante, corollaire des progrès acquis :

Garantie absolue de la propriété et sécurité absolue pour les personnes.

Cette loi qui sera inscrite plus tard sur le frontispice des codes de toutes les nations, sera la ferme assise qui soutiendra les sociétés futures, contre toutes les défaillances, contre toutes les tendances de réaction, quel que soit le sens dans lequel elles puissent se produire.

Nous terminerons ces observations, par un exemple faisant ressortir les différences énormes qui existent encore au XVIIIe siècle, entre les mœurs, coutumes et bien-être des hommes civilisés et quelques restes des hordes barbares végétant dans des contrées encore inconnues.

L'Homme sauvage et l'Homme civilisé

Un voyageur ayant deux enfants presque jumeaux et voulant les emmener, les fit tatouer fortement de façon à toujours les reconnaître.

Embarqués sur un navire, la tempête les poussá et les fit échouer, sur les côtes d'une partie inconnue du continent d'Afrique.

Ils purent se sauver, mais au moment du débarquement l'un des enfants fut pris par des sauvages. L'autre put être conservé par son père.

Par un hasard providentiel, la côte où ils s'étaient réfugiés était une espèce d'oasis, susceptible de culture et de riches produits.

Le père, homme ingénieux, commença par se créer un refuge. Les marins qui étaient avec lui se mirent au travail et ils pourvurent ainsi à leur subsistance et à leurs premiers besoins.

Un autre navire vint dans ces parages, voulut les recueillir et les ramener dans leur pays, mais les naufragés, se trouvant bien, se contentèrent de faire des échanges, de manière à pourvoir les nouveaux habitants des produits qu'ils ne pouvaient avoir sur place.

Les échanges furent fructueux. Le navire partit, revint et d'autres le suivirent, de façon qu'au bout d'une trentaine d'années le lieu du sinistre naufrage, s'était transformé en une opulente cité.

L'enfant du voyageur avait suivi la fortune publique.

Il avait travaillé, économisé et participait au bien-être général. Il vivait dans un cottage entouré d'un petit jardin où, grâce à des prévisions justifiées par le voisinage de bêtes féroces, il s'était mis à l'abri de toute invasion nocturne.

En le voyant au bain dans sa jeunesse, ses camarades l'avaient surnommé : Le Tatoué.

Nous signalerons le détail d'une de ses matinées : c'était le jour de sa fête.

Le jour de fête du civilisé

A l'heure choisie par lui, on frappait discrètement à sa porte et divers personnages s'empressaient de lui être agréables.

L'un était un marchand de lait, qui lui apportait une copieuse tasse de succulente boisson.

L'autre était le boulanger, qui apportait de petits pains choisis.

Plus loin, on pouvait apercevoir un tailleur, un cordonnier, un chapelier, venant offrir l'un un riche costume, l'autre de gracieuses bottines, l'autre un élégant et magnifique chapeau.

Si vous ajoutez, à ceux que nous avons désignés un assemblage de personnes prêtes à offrir ce qui pouvait être utile ou agréable à notre tatoué, vous aurez énuméré l'ensemble du bien-être, du confort, des agréments que la société humaine peut offrir à ses associés.

Car ce mot d'associés rend ici une idée généralement méconnue et qui n'en est pas moins juste et vraie. Tous les individus d'une société sont, forcément, solidaires. Si l'un reçoit une satisfaction quelconque d'autrui, c'est nécessairement à charge de revanche.

Le boulanger donne au marchand de lait, du pain que celui-ci remplace par du lait, du beurre, du fromage.

De même le tailleur, le bottier, font naturellement échange, et, grâce à ces échanges réitérées, que facilite si puissamment l'emploi de la monnaie, tous se procurent mutuellement, les satisfactions de leurs besoins et celles nécessaires à la vie.

Ainsi que nous l'avons dit, ce jour-là était un jour de fête pour notre héros. Ses amis s'étaient réunis et avaient préparé diverses surprises, puis un banquet final avait clos la série de plaisirs. Après s'être prolongée jusqu'au soir la suite en avait été remise pour être renouvelée dans un an.

La journée se termina en joie pour notre tatoué qui, grâce à son travail, s'était procuré le nécessaire et le confort dans les limites de sa position. La nuit venue, il put s'endormir dans un bon lit, en attendant de nouvelles jouissances et de nouveaux plaisirs.

Pendant qu'il reposait..... à quelques pas de son jardin, un être informe, repoussant, crasseux de haut en bas, perché sur des branches d'arbre, jetait des regards de convoitise sur tout ce qui l'entourait. Cet être qu'on ne pouvait appeler un homme, était encore jeune, mais sa chevelure inculte, sa barbe à moitié détruite, tout son ensemble démontrant la souffrance, la laideur, la barbarie, aurait effrayé quiconque l'eût rencontré. C'était un sauvage, un vrai sauvage.

Le jour de fête du sauvage.

On voyait appendu à l'arbre, à côté de lui, un lambeau de la peau d'un serpent, sur laquelle on eût pu apercevoir encore les restes et débris de viande à demi pourrie, portant les traces de dents, et ayant servi de pâture à notre abominable être. Par terre des morceaux de lézards, de crapauds, d'escargots, témoignaient également qu'un repas copieux qui avait dû succéder à un jeûne longtemps prolongé. C'était aussi la journée d'une grande fête pour l'homme de la nature.

A un moment donné, le sauvage ayant vu dans le jardin un objet brillant, quelque chose qu'il désirait posséder, s'élança sur le mur et se précipitant en dedans, crut, un instant, saisir l'objet de sa convoitise.

Le piège à loup

Mais, précisément, à la place où il avait sauté, se trouvait un piège à loup qui, le saisissant inopinément, lui écrasa en partie les deux jambes.

Le sauvage, en proie à d'atroces douleurs, poussa des cris

abominables, voulut broyer les dents du piège qui le torturait et, dans ses efforts, se mit dans un état tellement horrible, que ceux qui vinrent le sortir de là, eurent peine à distinguer si c'était un homme ou un autre animal.

Voyant que c'était un homme, on prit soin de lui, et on chercha vivement à le soulager. Mais dans ce corps étiolé, exténué, maigre, où chaque place semblait indiquer une souffrance passée, il était impossible de trouver d'autres symptômes que ceux d'une vie prête à s'éteindre.

Les soins ne pouvaient prolonger une pareille existence. Toutefois, sur l'avis d'un médecin, on essaya de le laver, de le nettoyer un peu, pour mieux reconnaitr les plaies.

Cela fut difficile, mais à la suite du nettoyage, un fait inattendu se déroula.

Le sauvage était tatoué identiquement comme le civilisé.

C'était son frère !

L'un des deux avait profité des bienfaits de la civilisation l'autre, élevé par des sauvages avait vécu comme eux.

Puissance de la propriété

Nous revenons encore sur la loi naturelle énoncée.

« La propriété est la base de toute indépendance. »

Nous sommes convaincus qu'on ne saurait trop insister sur ce principe.

Nous sommes également convaincus qu'il sera de plus en plus apprécié et que, grâce à lui, le progrès s'étendra dans des proportions toujours croissantes.

Constitution de la propriété

Afin de mieux faire comprendre nos idées sur l'action, la force et la puissance que donne la propriété, nous allons citer un fait de sa constitution, qui se reproduit sous nos yeux. Il nous donnera un exemple de ce qui eut lieu dans les temps passés, lorsque rien n'y mettait obstacle.

Il y a en Amérique, comme en d'autres continents d'immenses espaces déserts. Un pionnier voit ces terres incultes, abandonnées et sans maître ; il choisit un champ, le prépare, l'ensemence et bientôt la production vient le récompenser de ses peines.

Evidemment, ce champ est à lui, bien à lui ; mais s'il est seul, s'il est sans gardien d'aucune sorte, le premier venu pourra s'en emparer, prendre la récolte.

Que fait le colon pour éviter cela ?

Assurance par la société

Il dit à la société voisine, à l'Etat le plus à sa portie : Je suis de vôtres ; aidez-moi à conserver ce champ. Ce sera une espèce d'assurance. Pour le garder, le mettre à l'abri de toute attaque, il vous faut des hommes, des armes, je les paierai. Je fournirai une cotisation mensuelle ou annuelle et moyennant cela, vous me garantirez la propriété, la conservation, la libre disposition de mon bien et la sécurité pour ma personne.

Cette convention est celle que fait tacitement tout Etat, tout gouvernement avec ses co-sociétaires. D'un côté, garantie de sécurité, de l'autre payement de l'impôt. Voilà la base unique de toute organisation sociale. En deçà comme au delà rien n'est assuré.

Mutations, transmissions libres de la propriété

Mais comme l'assurance entraîne la libre disposition, l'assuré peut, comme dans toute société, céder son droit, vendre sa propriété, l'augmenter, en en achetant d'autres ou simplement en défrichant.

L'Etat ou gouvernement reste étranger à ces modifications, sauf en ce qui a trait à la perception de l'impôt de garantie, lequel doit être payé, quand même.

Voilà la seule, l'unique règle à enseigner pour la constitution de la propriété territoriale et sa transmission.

Mais il y a d'autres espèces de propriétés et à toutes s'appliquent les règles énoncées.

Nous avons consacré un chapitre à faire valoir la puissance immense que donnerait à l'humanité la facilité d'emmagasinage des forces.

Nous ferons remarquer ici, que la même loi s'applique à l'emmagasinage de la richesse sous toutes ses formes, emmagasinage qui est désigné sous le nom de capital.

Les instruments, les outils, les machines, les valeurs de toute nature sont des accumulateurs et forment la représentation d'un travail.

Pour construire une brouette, il faut le travail et le concours de plusieurs personnes.

Si la fabrication a demandé deux ou trois journées, on retrouvera le temps employé sous la forme d'une petite machine de première utilité.

On aura capitalisé les journées de travail et créé une propriété qui, comme les autres, devra être garantie.

Remarquons en outre, qu'ainsi que pour la propriété territoriale, si tout avoir a besoin d'une garantie, toute garantie oblige à une dépense.

Remarquons également que ces règles sont simples, faciles à saisir par tout esprit sensé, et surtout constamment applicables en tous lieux.

Seulement, on a cherché à les obscurcir de tant de façons et les légistes ont tant divagué à leur sujet, que des siècles se sont écoulés, sans qu'il ait été possible même de les énoncer.

Les uns ont fait venir la propritété de droit divin, s'en sont emparés à ce titre et ont commis tous les crimes imaginables pour l'acquérir, puis pour la conserver le plus longtemps possible.

Les autres ont prétendu qu'elle appartenait de droit au potentat, roi, empereur ou gouvernement, afin de prendre pour eux la meilleure partie et distribuer le complément à leurs parents, amis et connaissances.

Et tous ont perverti l'esprit de l'homme, ont abusé de son inexpérience pour lui inspirer des idées absurdes, dangereuses et même féroces.

Les intelligences n'ont pas vu la route du vrai, et les générations se sont succédées au milieu des troubles et des guerres, détruisant jusqu'aux traces de progrès.

Le sentiment de la propriété survit quand même

Au milieu de ces tourmentes, les esprits n'en conservaient pas moins les instincts de civilisation.

Le sentiment de la propriété était si puissant qu'il triomphait quand même ; seulement au lieu de l'appliquer à tout et à amener ainsi l'égalité de tous, on le torturait au profit de quelques-uns et l'on créa l'esclavage.

Triste résultat de l'imperfection humaine, qui a voilé la lumière, pendant des siècles d'erreurs et d'abrutissement.

Espérance dans un avenir rapproché

Heureusement que pour les pays civilisés, les heures de grande tristesse sont passées. L'exemple qu'ils ont donné, portera des fruits de plus en plus nombreux, et tout donne à espérer qu'il faudra un temps relativement très-limité, pour faire entrer dans la grande famille les races barbares et féroces qui couvrent encore près de moitié de la terre.

Puissent nos vœux, à cet égard, se réaliser le plus promptement possible. C'est du fond du cœur que nous les exprimons.

Mais pour activer ce mouvement, il faut, comme nous l'avons dit, que l'éducation soit enseignée sur des bases différentes de celles qui ont servi de règles aux écoles passées.

Au lieu de ces récits légendaires des époques glorieuses, on fera connaître dès les premiers âges, les formules suivantes, qui, se gravant dans l'esprit, guideront mieux dans la vie, que tout ce que l'on a enseigné jusqu'à ce jour des commandements religieux, exhortations et autres modes d'indications morales.

« Liberté entière, indépendance absolue, en tout ce qui n'est « pas contraire au bien d'autrui ; garantie de la propriété et « sécurité complète pour les personnes sous le régime de la loi. »

Voilà le point de départ de la nouvelle société dans laquelle tout individu pourra travailler sans crainte de se voir enlever le fruit de ses œuvres.

Dans la nouvelle société, le père pourra accumuler avec la certitude de laisser à ses enfants ce qu'il aura amassé. Le produit des économies de tous, formera une agglomération de richesses incalculables, qui permettront aux sociétaires une suite de bonheurs et de jouissances qui nous sont inconnues.

Ils formeront le complément des satisfactions possibles pendant leur court passage à travers les espaces.

De l'extinction du Paupérisme

En donnant la définition du Paupérisme, nous avons indiqué son point de départ, les causes qui l'ont amené et le maintiennent encore aujourd'hui.

Nous avons fait connaître ensuite le mode de constitution de la propriété et sa puissance. Nous avons démontré qu'elle était la première assise et l'unique soutien d'une société organisée sur des bases inébranlables. Qu'en accordant à l'homme son libre arbitre, elle lui procurait l'indépendance en ne lui demandant autre chose que sa participation proportionnelle à la garantie de son avoir.

Nous concluons de ceci :

Le Paupérisme tel qu'il existe en Angleterre est un état contre nature en ce sens qu'il ne rend heureux ni le pauvre, que l'on croit secourir, ni ceux qui s'imposent des sacrifices pour venir à son secours.

Dans ces conditions, si l'on nous demande ce qu'il faut faire pour détruire ces restes des temps passés, nous répondrons simplement :

En Angleterre

Faites disparaître le monopole et laissez la propriété libre.

Appliquez à tous, et partout, les magnifiques principes qui seront éternellement une des gloires de la France et qui furent décrétés en 1789, sous la dénomination des « Droits de l'Homme » et le Paupérisme s'éteindra de lui-même.

En France, en Amérique, etc., le Paupérisme n'existe pas.

Cela tient aux institutions et non aux tendances qui sont les mêmes partout.

De la Mendicité

Là où le Paupérisme n'existe pas, il est en quelque sorte remplacé par la Mendicité.

Il y a et il y aura toujours des mendiants, quoique les mendiants ne soient pas tous indigents.

Nous ferons remarquer à ce sujet, la facilité avec laquelle les hommes se plient aux moyens qui leur semblent les moins pénibles pour arriver à se procurer ce qu'ils désirent.

Nous pourrions citer plusieurs villes de France, où sous nos yeux, l'expérience s'est poursuivie plusieurs fois en sens inverse et avec le même succès.

La mendicité est interdite dans la ville ; mais l'autorité, — le maire par exemple, — entraîné par ce que l'on appelle un sentiment de bonté, lequel n'est que de la faiblesse — laisse comme lettres mortes les arrêtés sur la mendicité.

Alors vous voyez poindre de tous côtés, des mendiants de toute sorte, des culs-de-jatte, boiteux, manchots, etc., de vrais suppôts de la cour des miracles, traînant après eux des femmes, des enfants qui chantent, crient et demandent de toutes façons.

Il y a chez ces mendiants, une ingéniosité pour se plaindre, pour essayer tous les modes, toutes les modulations, de manière à attirer la pitié et par suite la charité.

Nous en avons vus souvent par groupes par bandes, et dans ce cas, leur nombre prend une proportion toujours croissante.

Que l'administrateur soit changé ; que le maire soit, cette fois, d'un caractère ferme, énergique, faisant respecter les lois et les règlements, immédiatement, la tourbe disparaît.

On ne les voit plus ; qui va d'un côté, qui de l'autre ; on n'en entend plus parler.

Ces mendiants disparus sont-ils morts, sont-ils plus malheureux.

Nous croirions qu'au contraire, la plupart sont beaucoup moins à plaindre, car la charité privée se fait toujours lorsqu'on est certain qu'elle est indispensable.

La charité faite en public, pousserait plutôt à la démoralisation.

Des malheureux qui pourraient travailler dans un lieu abrité, et rendre service à tous en s'en rendant à eux-mêmes, stationnent, pendant des journées entières, devant des portes d'églises, dans des carrefours, où, exposés aux intempéries, ils augmentent souvent leurs maux simulés et contractent les germes d'autres maladies.

Il serait difficile de prévoir si la mendicité sous ces diverses formes se perpétuera.

Pour mieux nous rendre compte des probabilités à ce sujet, nous la diviserons en catégorie :

La mendicité qui implore

Elle est la plus générale. Nous venons de citer quelques-uns de ses us et coutumes.

La mendicité armée

Nous donnerons ce nom aux demandes formulées par des masses d'ouvriers qui, sous prétexte que le travail leur fait momentanément défaut, veulent vivre sans rien faire, et aux dépens d'autrui. Ils parlent de travailler, mais ce n'est qu'un prétexte.

Ces masses sont entraînées par les faiseurs qui, pour obtenir ou conserver une popularité malsaine, ne craignent pas d'obérer le trésor public, le bien qui appartient à tous, pour le donner ou le faire donner à leurs créatures.

La presse et le journalisme viennent aider et encourager ces meneurs.

On peut appliquer au journalisme ce qu'Esope disait de la langue ; il pousse au bien et au mal avec la même ardeur. Les esprits faibles et ignorants ne sachant, encore, faire la part entre les deux ; ils deviennent eux-mêmes la première victime des fausses idées qu'on leur a inspirées.

De là ces folles aspirations que nous distinguons sous le nom de mendicité armée.

Notre époque a pu voir un exemple des plus terribles de ces folies d'entraînement irréfléchis.

Nous voulons parler des ateliers nationaux créés en 1848.

Les mendiants armés

Quelques esprits, soi-disant philanthropes, de ceux qui veulent toujours que tout le monde soit heureux, et qui s'arrangent de façon à tirer vers eux les plus gros marrons.

Ces prétendus amis de l'humanité voulurent, comme on le veut encore aujourd'hui, et comme on le demandera tant que les hommes auront reçu une éducation mal dirigée, que, pour venir en aide à quelques ouvriers, momentanément sans ouvrage, on créa des ateliers de terrassement, où moyennant 2 fr. par jour, ils pussent vivoter, en attendant la reprise de leurs travaux habituels. C'était une espèce de mendicité sociale.

On sait ce qui advint. Le premier jour ils étaient peut-être 200 ; huit jours après ils étaient 2.000. Ils arrivèrent bientôt à 40.000 et enfin au chiffre de 80.000 où il fallut s'arrêter, les fonds étaient épuisés.

Alors vint la grande bataille. La guerre civile fut le produit de la philanthropie des meneurs, qui, eux, restèrent à l'écart et conservèrent leurs positions, lorsqu'ils ne trouvèrent pas le moyen de les agrandir.

Ateliers nationaux — Ateliers municipaux

Ces créations forcément passagères ont été et seront toujours une mauvaise action. Ils sont pronés, encouragés et dirigés par des hableurs qui visent à se mettre en évidence. Les autorités faibles, inconscientes ou sans valeur, se mettent à la rescousse et, cela d'autant plus facilement, qu'autorité comme meneurs placent là, leurs protégés qu'ils entretiennent sans bourse délier.

Les uns et les autres, pour se faire aduler et obtenir un regain de popularité, saisissent ce prétexte pour augmenter le nombre de leurs adhérents.

Quant aux autres ouvriers, ceux qui ne vont pas clabauder dans les clubs et restent à leur besogne habituelle, ils paient, sans s'en douter, une partie des prodigalités des meneurs.

Car il faut remarquer à ce sujet, que tout homme participant à l'impôt, la bouchée de pain que l'on mange a fourni un appoint pour parfaire aux dépenses utiles. Comment qualifiera-t-on ceux qui, distrairont la part de cette bouchée, pour la donner à quelques-uns au détriment de tous.

Les pauvres par imitation

Après les mendiants aprés, nous citerons les pauvres *par* imitation et nous signalerons divers personnages mus par un sentiment qui, sauf la croyance religieuse, n'a aucune sanction logique, se sont faits pauvres et mendiants.

Nous citerons l'exemple de Saint-Simon Stylite priant sur sa colonne, où il a vécu, dit-on, 36 ans.

On peut citer, vers la même époque, les ermitages de la

Thébaïde ; tous ces religieux vivant d'aumônes. Leur exemple a donné lieu à la création des ordres mendiants.

Les Mendiants de la Cour des Miracles

Dans le moyen-âge, on a vu la mendicité former des associations puissantes, pouvant même intervenir dans les luttes politiques.

Les Mendiants par état

De nos jours encore, il y a des mendiants de profession, de vrais mendiants, des aveugles par exemple, qui se laisseraient difficilement supplanter, mais plus difficilement peut-être remplacer dans leurs positions quasi-officielles.

Voici un aveugle stationnaire, ayant droit, de par l'autorité ; il a son chien et des yeux qui suivent ses recettes.

D'autres fois, l'aveugle a un guide, un enfant, quelquefois deux, qui demandent pour lui.

Ensemble ils quêtent, et le salaire est la récompense des quêteurs ; l'aveugle, chef de la petite bande, en est le distributeur.

Ce genre de mendicité est un véritable métier maintenu par l'autorité.

Encouragements à la Mendicité.

Les moralistes de l'antiquité avaient inventé des raffinements plus propres à démoraliser qu'à soulager la misère.

Que dire, par exemple, de cette sainte Elisabeth, reine de Hongrie, qui, après avoir lavé les pieds de ses pauvres, moins pauvres d'esprit qu'elle, selon nous, buvait par sainte mortification le résidu du lavage ?

De nos jours encore, les rois d'Espagne pratiquent chaque année la coutume du lavage des pieds. Mais cette prétendue humilité qui semble inspirée par des sentiments d'humanité n'est qu'un vernis trompeur. Elle relève l'orgueil du monarque qui s'est abaissé, un moment, pour mieux attirer les regards de la foule, et mieux faire ressortir encore, l'immense distance qui sépare le souverain de ses sujets.

Si l'on disait à ce souverain et surtout à son entourage, qu'entre le pauvre et lui il n'y a nulle différence de valeur, on lapiderait l'insolent qui aurait comparé le roi à un mendiant.

On a justement blamé l'ostentation dans la charité. Nous blamerons aussi vivement l'exagération, qui ne peut être que passagère, et ne forme qu'un mode d'ostentation.

L'exemple de Saint-Martin

On a cité avec éloges, Saint-Martin, se dépouillant en faveur d'un pauvre, coupant son manteau en deux parties et lui en donnant la moitié. Si le bon saint eut rencontré 4 ou 5 pauvres et continué à dépecer son manteau, on peut se demander ce qu'aurait dit le dernier pauvre en voyant le faible lambeau d'étoffe destiné à former sa portion minuscule. Le cinquième pauvre, ou co-partageant, eut refusé le cadeau et peut-être insulté le donataire.

Les misères humaines sont infinies

Pour qui veut les sonder, de même que les joies et les plaisirs, dont on tient si rarement compte, les misères humaines sont infinies. Si vous calmez une souffrance, il s'en présente bientôt une autre. Aussi ceux qui entreprennent la charité comme métier, comme œuvre habituelle, trouveront-ils toujours des adeptes prêts à recevoir leurs dons.

On aurait beau diviser et subdiviser l'avoir général, on n'arriverait jamais, à satisfaire les appétits variés, prêts à dévorer la proie que vous leur offrirez.

Règles à observer sur la mendicité

Ne pouvant ni détruire, ni même faire disparaître entièrement la mendicité, qu'elles sont les règles que l'on doit prescrire à son égard ? Nous indiquerons celles qui sont généralement admises en France, à l'époque actuelle.

Défendre la mendicité par état, et supprimer toutes ses exhibitions sur la voie publique.

Organiser des sociétés de charité, qui recevront les aumônes, et les distribueront avec discernement.

Si ces sociétés sont bien gérées et qu'on puisse acquérir la certitude que les dons seront bien placés la charité privée abondera.

Le rôle du gouvernement sera, dans ce cas, la surveillance et l'examen des comptes, dont la justification devra être rendue publique, si l'on veut qu'elle soit bien faite. Le contrôle est ici plus nécessaire, peut-être, que pour les deniers de l'Etat.

Nous voudrions que toutes les gestions d'assistance, fussent obligées d'avoir des registres toujours ouverts, et pouvant être consultés par chaque citoyen.

On vérifierait facilement les recettes. Par la vérification de leur emploi, on éviterait ces scandales qui se déroulent, hélas si souvent, surtout ces dilapidations des dons qui, sous le faux prétexte de pauvres honteux, donnent lieu à des distributions inavouables, au préjudice des véritables malheureux.

La société ne doit que la rémunération du travail fait pour elle

Nous avons vu que le premier salaire avait été la récompense du premier travail ; aujourd'hui, comme aux époques les plus reculées, la société ne doit que la rémunération du travail dont elle profite.

C'est déplacer les rôles que vouloir faire d'un Etat, une vaste association de bienfaisance, dans laquelle les donateurs sont forcés de donner à ceux qui demandent, sans distinction du plus ou moins de nécessité.

C'est la contre-partie absolue de la devise, pourtant si vraie et si naturelle, *chacun pour soi.*

Parabole du maître

On a beaucoup vanté une parabole, dont la morale est plus que douteuse, malgré l'immense quantité de commentaires dont on l'a entourée.

Cette morale est celle du maître, qui paie du même prix ou du même salaire, l'ouvrier venu tard et l'ouvrier qui travaillait depuis le matin.

Cela pourrait s'appeler la morale du maître, mais non celle de l'homme. Celui-ci est indépendant, et n'est pas soumis à un maître.

Parabole des ouvriers

Voici notre parabole des ouvriers. Nous appelons sur elle la réflexion de tous.

Ouvrier, travailleur, tout le monde l'est à son heure.

Tout désir à satisfaire demande un travail

Ce que l'on appelle fortune, bien, n'est que l'accumulation des produits du travail.

Fortuné ou non, tout homme a des désirs, des volontés.

Toute volonté à satisfaire demande un travail

Celui qui réfléchira verra que ceci s'applique aussi bien au potentat qu'au plus mince serviteur, au plus riche comme au moins fortuné.

Pour le penseur, qui examinera les choses de sang-froid et sans parti pris, nous dirons, avec conviction, que le proverbe des temps antiques : *La fortune ne fait pas le bonheur*, est une vérité de premier ordre. Nous ajouterons même, que, parvenu à un âge avancé, ayant observé la réalité des choses, nous avons amplifié à l'expression antique en disant : Non seulement la fortune ne fait pas le bonheur, *mais, elle n'y contribue même pas.*

C'est là une vérité qui ne fera pas beaucoup d'adeptes ; ce n'en est pas moins une vérité. Peut être essaierons-nous plus tard, d'en faire une démonstration qui nous paraît irréfutable.

Suite de la parabole des ouvriers

Pour mieux faire comprendre notre parabole de l'*homme ouvrier*, nous prendrons de nouveau, comme point de départ, l'homme à l'état sauvage.

A cet état ses besoins seront bornés, un seul souci doit lui suffire, manger et boire. Dans les climats favorisés, il trouve des dattes sur les arbres et l'eau coule dans les ruisseaux.

Remarquons, cependant, que pour manger il faut cueillir les dattes, aller les chercher bien haut quelques fois, grimper pour avoir les meilleures. Du travail, toujours du travail, rien sans travail.

Si le sauvage veut se couvrir le corps, il faut qu'il lutte s'ingénie et finalement, avec un travail herculéen, la somme, de jouissances qu'il pourra recueillir, sera infiniment petite à côté du bien-être d'un civilisé.

La différence provient de l'organisation et de la création des machines. Ces forces centuplent les puissances et quantités des productions, en diminuant les fatigues dans des proportions encore plus considérables.

La société forme un ensemble de travailleurs de toutes les catégories, dont les gains sont accumulés et condensés à des intervales plus ou moins éloignés.

Organisation gouvernementale

Pour mieux faire comprendre à tous, la nécessité qui s'impose de former une organisation gouvernementale, nous supposons ceci :

Le Gouvernement

Tous étant travailleurs, à l'heure où chacun sera muni du bénéfice de son travail, un individu, symbole du gouvernement leur tiendra le langage suivant :

« Ouvriers des bras, ouvriers de la pensée, travailleurs producteurs, consommateurs de toute nature, vous avez pu vous livrer à vos travaux en paix et en sécurité. Pendant que vous étiez à l'ouvrage, d'autres veillaient sur vous. »

L'Armée

Les uns vous gardaient contre les attaques du dehors (les soldats).

D'autres vous défendaient contre les mauvaises passions (les gendarmes).

La Justice

D'autres se tenaient prêts à régler les contestations que vous pourriez avoir (les juges).

D'autres enfin vous ouvraient les routes, (les ingénieurs).

Une foule de gens s'occupaient de vos intérêts, de manière à vous permettre de bénéficier de votre temps, de vos œuvres et à pouvoir faire, de leur produit, l'usage qui vous paraîtra le plus avantageux.

Pour vous garder ainsi, le personnel dont je suis le représentant a droit à une part proportionnelle dans votre gain (le fisc).

Le paiement de l'impôt

Toute personne comprendra la justesse des paroles que je viens de répéter, et si elle est sage, s'empressera de satisfaire à la demande ainsi formulée (paiement de l'impôt).

Charité et bienfaisance

En même temps que le personnage cité, ou même par son organe, on pourra entendre la communication suivante :

Au milieu des travaux que vous avez accomplis, la santé, la réussite, le sort vous ont été favorables.

Et pendant ce temps, d'autres travailleurs laborieux sont devenus infirmes, sans moyens d'existence ni pour eux ni pour leurs jeunes enfants, n'avez-vous pas une obole à leur donner?

Ici, nous tenons à le faire remarquer, la demande n'est plus comminatoire, ce n'est plus la rémunération d'un service rendu ou à rendre; c'est une œuvre du cœur, un acte de bienfaisance laissé entièrement à la discrétion de celui qui est sollicité.

La puissance des sentiments de charité et de bienfaisance est grande, et la plupart de ceux auxquels les demandes s'adresseront, s'empresseront d'accéder à la prière faite.

Mais cette donation sera volontaire. Parmi eux il y en aura qui auront besoin de tout leur gain ; d'autres, plus égoïstes, ne voudront rien donner. Peut-on les contraindre. Non, évidemment.

La charité doit être libre

Sans cela vous quitteriez le chemin de la justice et de la raison, pour entrer dans le sentier tortueux de l'arbitraire.

Donc, la charité doit être libre, entièrement libre.

Nul n'a le droit de disposer de la fortune publique sinon pour l'avantage de tous.

Cependant encore, l'Etat représentant la société a une mission importante. C'est à lui qu'incombe le devoir de contrôler l'emploi des dons de charité, lorsque les donataires l'en auront chargé.

On a pour exemple la création des hôpitaux, la surveillance de leur gestion, etc. Là, comme pour la direction de la justice et des forces publiques, l'Etat doit être le contrôleur suprême, mais sans qu'il y ait lieu, d'allocation directe de sa part.

Mandats formels

Nul n'a le droit d'être, sans autorisation expresse, le distributeur et encore moins le donateur du bien des autres.

Malheureusement, il en est beaucoup dont la grandeur n'a d'autre piédestal que cette prétendue philanthropie, cette générosité puisée dans la bourse des autres et dont ils font parade, pour masquer des choses parfois moins désintéressées.

Les représentants de la société peuvent, dans des cas déterminés, agir pour elle et en son nom, mais ce serait violer ses principes dans leur essence, que dépasser certaines limites.

Revendications folles et absurdes

Mais puisqu'il en est ainsi, que répondra-t-on à d'autres représentants d'individus ou de sociétés, qui viendront la tête haute, comme on le voit hélas encore, vous dire des paroles analogues à celles-ci :

Nous vous demandons partie de votre gain ou plutôt le tout, pour le mettre en commun. Nous sommes ouvriers de la dernière heure ; vous avez ramassé, accumulé les fruits de votre travail ; partageons les bénéfices.

Car nous, nous ne voulons travailler qu'à nos heures, à nos moments et ce sera nous qui fixerons le prix à nous remettre.

Qu'elles sont les personnes qui s'expriment ainsi ? Elles se désignent, elles-mêmes, sous le nom *d'anarchistes.*

Ce sont, par le fait de véritables illuminés de sentiments bestiaux, faisant parade de vouloir prendre de vive force le bien d'autrui.

Ces hommes s'assauvagissent ainsi. Ils arrivent au point d'acclamer et de tenir en honneur, les maximes atroces des bandits et des voleurs de grand chemin.

Quand ils déblatèrent, isolément, on peut rire de leurs élucubrations stupides ou se contenter de hausser les épaules.

Lorsque leur nombre augmente, il faut se tenir en garde, car les encouragements de la foule les affolent, les ahurissent et finiraient par en faire un ramassis de véritables bêtes fauves et plus féroces que les tigres du désert.

Précautions défensives

Evidemment, celui qui entendra un semblabe langage appellera le premier arrivé (le gouvernement) et lui dira :

Vous me devez la sécurité, la tranquillité, la paix. Voici des ennemis qui surgissent, mettez-les dans l'impossibilité de me nuire afin que, comme par le passé, je puisse vaquer à mes travaux.

Le fleuve humain

Le sentiment humain peut se comparer à un fleuve tumultueux qui, sous la pression des orages, gonfle, s'étend et monte, pour sortir de son lit à la première fissure.

Que faire contre l'irruption ! Fermer les issues, relever les jetées sur les points les plus menacés ; se tenir sur les talus de manière à surveiller les évènements.

Si l'on voit le mal sans remède, faire la part de l'eau et tout en attendant sans désespérer, compter sur le retour d'un calme inévitable.

Les fausses idées

Ce conseil doit être suivi dans les sociétés modernes, là où bouillonnent de fauses idées, propagées par des exploitants et adoptées sans réflexions par des adeptes aveugles.

Les exploiteurs promettent toujours les biens suprêmes. Ils n'ont rien à perdre et tirent les marrons du feu.

Les Prosélytes

Ceux qui les croient sont comme ces troupeaux de buffles sauvages qui parcourent les pampas.

Ils voient courir et ils courent ; leur esprit ne va pas au-delà, et si ce flot n'est pas endigué comme le fleuve, il sort de son lit et sème la désolation sur son passage.

C'est là l'histoire de toutes les guerres, de toutes les révolutions, de tous les cataclysmes des âges antiques.

Si vous demandez à ces hommes, ainsi entraînés qu'ils pensent, qu'ils réfléchissent, ils haussent les épaules.

Réfléchir, penser, à quoi bon ? Ils parlent, ils crient et hurlent, cela dispense de comprendre.

Leur surexcitation n'a plus de bornes. Et le flot roule des jours, des années et puis des siècles.

L'instruction forme la digue

Voilà le passé. Et il en sera ainsi jusqu'à l'heure où l'on aura compris que la seule digue, efficace pour arrêter le torrent dévastateur, sera l'instruction vraiment morale, enseignée et developpée pendant plusieurs générations successives.

Episode du voyage en omnibus

Comme, en tout, les exemples sont le mode de démonstration qui se comprend le plus facilement, nous allons en citer un, qui peut servir d'indication sur une des phases les plus importantes de l'humanité : *La marche d'une génération.*

Sans que l'analogie soit absolue, cette image gravera dans l'esprit une série de phénomènes, qui souvent passent inaperçus et qui, mieux étudiés, formeraient un enseignement salutaire.

On peut comparer ce qui se passe dans la vie d'une génération humaine, à ce qui a lieu dans une voiture publique, un omnibus ou un wagon dans un long parcours.

Le Départ

Au point de départ, quelques individus, dans l'attente, se précipitent pour prendre leur place, ils se heurtent, se bousculent. Chacun, à son entrée, choisit la place qui lui paraît la plus agréable. Il s'y installe, se met à l'aise le mieux possible, et, dès le premier moment jette les yeux autour de lui, examinant, plus ou moins curieusement, les personnes qui l'entourent.

Au premier coup d'œil, il voit les figures qui lui sont sympathiques, et cherche à se lier avec elles.

La connaissance est vite faite : la voiture roule et chacun continue son inspection, sa causerie, jusqu'au premier arrêt provoquant un changement de personnes.

Il en monte et il en descend. Les physionomies se succèdent.

On voit partir avec regret celles qui étaient sympathiques, on est heureux d'être débarrassé de celles qui inspiraient la répulsion, et la voiture roule.

Le Voyage

A chaque arrêt, à chaque changement, on profite de l'espace libre pour améliorer sa position, si possible, et choisir celle qui plait le mieux.

Les coins surtout, dans les longs trajets, sont un objet d'envie et, c'est à s'en emparer que tendent instinctivement la plupart des voyageurs.

S'il s'élève une discussion, les sentiments de guerre se développent, chacun prend parti et s'il y a rarement combat, cela tient à la difficulté de se mouvoir, mais le combat est dans les cœurs.

La route continue ainsi sauf accident, mais si la moindre cause d'arrêt imprévu, si le moindre retard ou cause d'attente surviennent, les esprits sont dans l'inquiétude ; on souffre autant en un quart d'heure qu'on l'eut fait dans un temps double du voyage prévu.

S'il y a plusieurs classes de voyageurs dans la voiture, ou le convoi, à partir du départ il s'établit un sentiment d'animosité entre les diverses classes. sentiment qui grandit en raison de la difficulté d'aborder les premières. La séparation amène toujours la jalousie.

Les Américains ont montré plus d'esprit que nous, en n'ayant qu'une classe de voyageurs ; nous ferons comme eux tôt ou tard et ce sera un bien pour tous, car le frottement amène le progrès.

La politesse et les bonnes manières se communiquent, et la sociabilité gagne à la réunion de ceux qui sont mieux élevés, avec ceux dont l'éducation est à faire ou à améliorer.

Peu à peu les voyageurs se renouvellent. Puis le vide commence à se former et augmente incessamment.

L'arrivée

Le convoi est arrivé ! La voiture se vide ! *La génération a passé !*

Le retour

La voiture reprendra le lendemain le chemin parcouru : les mêmes scènes se reproduiront. Mais, parmi les voyageurs, quelques-uns retournant, auront assisté aux scènes de la veille, en auront fait leur profit et, le cas échéant, pourront donner des conseils aux nouveaux arrivants.

Ces leçons de l'expérience formeront la tradition et seront l'enseignement de la seconde génération.

Et, de même qu'il faudra bien des jours pour apprendre aux gens les leçons d'une politesse qui fait que chacun se tient convenablement pendant le voyage, sait se gêner un peu pour que tous soient à l'aise ; de même, il faudra des siècles, pour que la civilisation enseigne, aux hommes, ces règles immuables, qui permettent aux membres de la société d'obtenir, par elle, la plus grande somme de vie et de bonheur.

Egalité relative

L'égalité sociale, l'égalité de travail, l'égalité de fortune, ne sont et ne peuvent être que relatives.

L'égalité devant la loi est seule possible.

Les forces, les instincts, les besoins, varient dans chaque individu, et à chaque instant dans le même individu, et vous chercheriez un moyen de les satisfaire également ?

Le problème ainsi posé est évidemment insoluble.

Là, comme pour la quadrature du cercle et le mouvement perpétuel, il faut s'arrêter devant l'impossibilité.

On doit se contenter de chercher des approximations, qui, mitigeant cette impossibilité, permettent néanmoins une solution approchée, assise, cette fois, sur des bases connues, marchant, sans secousses, vers cet infini où s'englobent les astres, où s'englobe l'humanité sans laisser même la trace d'un rayon fugitif.

Loi d'existence d'un état

Ici nous ferons la remarque que tous les gouvernements, toutes les agglomérations d'hommes, ont une loi commune.

L'avoir général se compose de l'apport de tous ; s'il n'y a pas d'apport, il n'y a pas d'avoir.

Ce sont des vérités fondamentales contre lesquelles on aura beau raisonner, on ne les modifiera pas.

Il en résulte une vérité non moins incontestable, c'est que celui qui au lieu d'apport, occasionne une dépense inutile, est une charge plus ou moins lourde, qu'on est forcé de limiter.

On ne peut toujours s'en débarrasser ; seulement, ceux qui dirigent la société ont pour devoir de se précautionner contre les abus.

L'Etat est une véritable assurance

La société ou plutôt le gouvernement, qui est son agent supérieur, est une véritable assurance, garantissant la propriété, la sécurité et la jouissance de tous les biens que l'on possède.

Mais là se borne son action.

Il ne faudrait pas, sous peine de surcharger le rôle d'un gouvernement, lui demander de s'immiscer à tout et dans tout.

Il faut laisser à l'initiative individuelle toutes les entreprises dans lesquelles son action peut être suffisante.

Le cultivateur sème son grain, sans pouvoir prévoir s'il sera détruit avant maturité.

Le froid, la tempête, la grêle, sans parler d'autres ennemis moins apparents, peuvent détruire ses espérances.

Y a-t-il des moyens, pour lui, d'éviter ces malheurs, cette ruine.

Assurance par les Compagnies

Les assurances autres que celles de l'Etat, c'est-à-dire gérées par des Compagnies spéciales, sont, pour cela, une garantie certaine.

Mais il faut aussi que, pour elles, le cultivateur, dans les années prospères, réserve une partie de son bénéfice.

L'ouvrier peut se garantir, de même, des pertes de temps, du chômage ; mais à lui, bien entendu, à lui seul incombe le soin de préparer son avenir, de prendre une garantie contre des désastres possibles.

Et remarquons encore ici, qu'on ne peut avoir rien pour rien, il faut une prime à toute assurance, c'est trop banal pour insister.

Les assurances par les Compagnies, sont des actes de commerce entrainant des risques, et offrant des avantages des deux côtés. On ne pourrait donc trop encourager les individus à avoir recours à ce mode de préservation contre les chances de pertes ou d'accidents.

L'Etat, comme assureur a une mission toute différente de celle des Compagnies.

Par le payement de l'impôt on le met à même de donner à tous protection et justice.

Liberté et sécurité

La liberté et la sécurité sont si intimement liées l'une à l'autre qu'en les séparant on les détruit.

La principale base sur laquelle doit s'appuyer le gouvernement d'un état, est de faire participer tous les citoyens à ces deux garanties qui, se joignant indissolublement à celle de la propriété, forment le bien-être social.

Cette mission gouvernementale est si élevée, qu'on ne saurait trop honorer ceux qui, placés au sommet de l'échelle sociale, la remplissent dignement et veillent, sur tous, avec une égale sollicitude.

Toutefois, il faut se garder de penser comme le font beaucoup de gens, que l'Etat est, non-seulement le garant, mais peut et doit-être, le dispensateur de tous les biens : Qu'il compose une espèce de divinité bienfaisante ou malfaisante selon la façon dont on l'implore.

Autrefois, on croyait partout, et l'on croit encore dans certains pays, que les Rois, Empereurs et tous les chefs d'états, censés maîtres de tous les biens, étaient, par leurs personnes, les dispensateurs et les causes du bien ou du mal qui se produisaient. On leur attribuait par origine, un génie spécial, une intuition de divinité bien rarement justifiés.

Ne voit-on pas encore aujourd'hui, à chaque crise spéciale ou crainte de changement, car sans s'en douter, bien souvent les hommes aiment avant tout la stabilité ; ne voit-on pas une foule de personnes demander un bienfaiteur, un messie, un sauveur, apportant le spécifique à tous les maux ?

Les yeux se dessilleront à cet égard et l'on comprendra, de plus en plus, que ce qui fait le bien-être et le bien de la population, c'est elle-même.

Lorsque l'éducation sera perfectionnée, lorsqu'on aura enseigné aux enfants et puis aux hommes, les principes des devoirs sociaux, alors on aura moins de tendance à copier ou à imiter, ces aberrations séculaires. Sous l'impression du calme et de la réflexion, le trouble et les désordres de l'esprit seront diminués, et chacun comprendra que l'entente, l'union et le travail sont les véritables sauvegardes de la société.

Si parfois on est forcé de s'incliner devant des maux ou des malheurs inévitables, il ne faut ni s'affaisser, ni désespérer, mais lutter, avec énergie, sans compter sur autres que sur soi.

Devoirs de la société envers l'individu

La société prend l'enfant à sa naissance, le suit, le protège, le tient en sécurité et s'occupe de l'homme jusqu'à son décès.

Voilà tout ce qu'on peut lui demander.

A ceux qui voudraient voir l'Etat devenir un entrepreneur général, on répondra :

L'Etat, nous l'avons dit, a une mission plus simple et plus facile que celle qu'on lui donne, dans ce cas comme dans bien d'autres, de régulateur universel.

C'est par continuation des vieux préjugés, de vieilles erreurs, qu'on surcharge le gouvernement d'une foule de devoirs, auxquels il ne peut suffire.

Nous établissons pour principe, que l'Etat gérant de l'argent de tous, ne peut en disposer que lorsqu'il s'applique aux choses intéressant tous ses membres.

Exemples d'application

Ainsi la constitution de la force publique pour l'exécution des lois ; l'organisation de la justice, égale pour tous, incomberont toujours à un gouvernement.

Et plus son rôle sera borné à ces soins de direction, d'inspection et de contrôle, plus il sera fort et puissamment assis.

Quoi que fassent l'état ou la société, la charité publique ou privée, nous reconnaissons à l'avance qu'il sera toujours bien difficile, sinon impossible, de rencontrer des gens qui soient contents et satisfaits de leur sort.

Quelle que soit la position sociale, le nombre de ceux qui se trouvent heureux est si restreint, le cas est si rare, qu'on peut courir à sa recherche comme à celle d'une perle fine.

Tous veulent tout, et les hommes sont aussi avides et aussi peu logiques que le seraient des enfants.

Il semblerait, aussi, qu'il y a grand plaisir à se plaindre, puisque toutes les personnes se plaignent constamment.

D'où nous pouvons conclure, que les richesses à offrir auraient beau être inépuisables, elles n'arriveraient jamais à contenter les plaignants. Que faire alors ?

Seul moyen d'être heureux

Laisser les gens geindre à leur aise, et lorsqu'ils seront un peu calmés, les ramener petit à petit vers la réalité en leur faisant comprendre, que « le seul moyen d'être heureux est de savoir se contenter de ce que l'on possède et se priver de ce que l'on ne peut avoir, jusqu'au moment, où, si cela est possible, le travail et l'économie auront permis la satisfaction des désirs.

ÉPILOGUE

La Légende de la machine

Nous connaissions une vieille femme qui était citée dans notre village pour sa gaîté, son bon caractère et sa gracieuseté.

Tout le monde l'aimait, et nous ne sachons pas avoir entendu dire du mal d'elle. Chose rare dans nos pays.

Or cette bonne femme nous disait des histoires à volonté.

L'orsqu'elle venait passer une soirée chez quelqu'un de nos parents, tous les enfants du voisinage prévenus, accouraient se presser autour du foyer, où trônait la bonne Angélique, c'était son nom.

Angélique, ancienne ouvrière de fabrique, aimait à nous parler de sa jeunesse, de ses émotions passées et parmi ses récits, il en est un qui pourra servir de morale à notre travail. Le voici.

Nous laissons la parole à notre narratrice :

A l'âge de 22 ans, j'étais employée à la fabrique de X··· où nous étions 250 ouvrières.

J'avais déjà été dans plusieurs établissements et j'avais pu remarquer que partout les idées étaient les mêmes.

Chaque ouvrière voulait gagner le plus possible, en travaillant peu, et trouvait que le patron n'était jamais juste.

On voulait le travail pour soi, et non pour les autres, afin de faire augmenter le salaire, et l'on se tenait toujours prêt à faire grève au premier signal.

Jeune et hardie, j'étais une des premières à pousser à la révolte. Je me croyais victime de l'injustice, et prenais fait et cause pour toutes mes camarades, chaque fois qu'on voulait leur faire une retenue, ou leur infliger une punition.

Confusion d'idées

On fit grève à plusieurs reprises à mon instigation. Seulement, je remarquai, qu'après la grève nous n'étions guère plus avancées.

Mais j'attribuais cela à la faiblesse de notre sexe, laquelle nous empêchait d'avoir une volonté soutenue ; j'étais convaincue, comme le disaient, du reste, les journaux, que les grèves des ouvriers étaient beaucoup plus avantageuses pour eux que les nôtres pour nous.

Parmi les ennemis que l'on nous signalait nous avions les patrons et puis les machines.

Un industriel du voisinage nous faisait concurrence avec des machines, et toutes nous étions d'accord, que ces machines étaient la cause du mal et que, sans elles, nous aurions pu obtenir les salaires les plus favorables.

Imbues de ces idées, chaque fois qu'on parlait d'une invention nouvelle, d'une machine économisant du travail et des bras, il y avait surexcitation, colère, fureur de notre part.

En même temps que nous détestions les machines, toutes mes compagnes se plaignaient de notre malheureux sort.

Nous devions travailler toute la journée pour un maigre salaire que nous jugions insuffisant. Et nous aspirions à la richesse.

Etre riche, devenir riche, nous paraissait le bonheur suprême.

Notre ambition était sans bornes ; plus une position nous paraissait brillante, et plus nos vœux, pour l'obtenir, étaient ardents et vivaces. Au reste, ceux que nous fréquentions pensaient et disaient comme nous. Seulement nous ambitionnions encore plus le sort des ouvriers hommes que celui des femmes, même les patronnes.

Le père Simon

Or, en ce temps-là, il y avait un vieux bonhomme, le père Simon, qui fréquentait notre maison et ne parlait pas comme les autres.

Il prétendait qu'au lieu de se plaindre du travail, il fallait se réjouir d'en avoir.

Que, sans cela, on ne saurait que faire, l'on s'ennuyerait et l'on resterait sans force.

De plus, ajoutait le père Simon, quand on travaille, on a l'avantage de pouvoir économiser, ne fût-ce qu'un sou par jour, ce qui fait déjà 18 fr. par an, et, si peu qu'on augmente cet avoir, on se prépare un avenir agréable.

Les propos du bonhomme étaient trouvés si drôles, si différents de ceux que nous entendions à côté, que nul n'y ajoutait foi.

Cependant, par moments, en considérant sa gaité, sa santé et sa bonté vis-à-vis des autres, je me prenais à l'aimer.

Il me semble parfois l'entendre nous donnant ses conseils et ses appréciations sur nos projets.

Sa parole était claire, simple et devenait vibrante sous l'animation.

Selon les sujets, il nous exprimait des pensées élevées, des considérations philosophiques qui semblaient être entièrement au-dessus de notre portée, mais je l'aimais tant, que je retenais ses moindres paroles et, en se gravant dans mon esprit, elles me faisaient réfléchir ; si bien que peu à peu je le comprenais parfaitement.

Ainsi, un jour que, singeant les clubs ouvriers, nous avions résolu de constituer un syndicat d'ouvrières et que nous formions ce que l'on appelle un bureau ; le père Simon, de sa voix magistrale, nous fit la leçon suivante qui arrêta net notre volonté de copier les errements à la mode.

PRÈMIER RÉCIT DU PÈRE SIMON

Les syndicats professionnels permanents

La création récente des syndicats forme un cercle vicieux, retour du passé ; ce que les anciens dans leur langage allégorique appelaient, en d'autres termes, *le serpent qui se mord la queue.*

Cette figure rend en effet, assez justement. la grande folie de l'espèce humaine qui a inspiré, à Esope, la fable du chien qui lache sa proie pour l'ombre.

Dans les commencements de l'humanité, les hommes sentant leur faiblesse individuelle, se groupaient en petites sociétés, et comme nulle société ne peut vivre sans chef ou directeur, les premiers qui furent choisis pour ce poste d'honneur et de confiance, n'étaient, pas plus qu'aujourd'hui, des désintéressés. Tout en gouvernant les autres ils s'occupaient d'abord d'eux et de leur famille, cherchant à concentrer ainsi, tous les avantages que donnait leur position.

Naissance de l'aristocratie

Les hommes réunis par petits groupes, furent peu à peu soumis à une royauté, d'autant plus cruelle qu'elle s'exerçait sur un petit nombre d'individus n'ayant aucun moyen de défense.

Cependant le développement croissant de l'intelligence et le besoin de sécurité, firent naître, par ci par là, des règles ou lois garantissant les intérêts divers.

Par la force des choses les groupes, où ces règlements ou lois, prirent naissance donnant une sécurité relative, acquirent des adhérents, dont le nombre grossit au fur et à mesure, avec une intensité toujours croissante.

De cet état de choses naquirent plus tard les grands états, où, le règne de la loi conquit de plus en plus une place prépondérante.

Un tyranneau, gouvernant quelques centaines d'hommes, pouvait connaitre tous ses sujets, leur imposer ses volontés, et agir à leur égard comme un maitre absolu.

Il ne pouvait en être de même, malgré la toute puissance du bon plaisir qui lui était accordé, pour un chef possédant des centaines de mille de sujets. Pour maintenir les masses, il fallut établir des hiérarchies, des lois, et former une organisation permanente.

Ainsi furent créés et consolidés ces grands états chez lesquels, au moyen de cette organisation, la civilisation s'est développée si puissamment depuis quelques siècles. Ce développement s'est surtout accentué, par la découverte de l'imprimerie, qui a si fortement aidé à l'instruction de tous.

Mais malgré cette marche ascendante, malgré les progrès acquis, les sentiments de crainte inhérents à la nature humaine persistèrent dans les esprits.

Pour se défendre contre les bêtes sauvages, ils avaient reconnu que l'union faisait la force ; croyant mieux se défendre contre des intérêts divergents, ils appliquèrent le même principe. Mais ce principe, comme tant d'autres, n'a rien d'absolu. Si dans un moment donné il vient augmenter la force, d'autres fois il amène la faiblesse, et c'est ce qui eut lieu au moyen-âge.

En France, à cette époque, la domination seigneuriale persistait toujours dans les campagnes, où, sous le nom de serfs les paysans étaient maintenus dans l'esclavage.

Dans les villes, où commençaient à poindre quelques lueurs de civilisation, l'industrie tendait à se fermer.

Une malheureuse idée, celle de la création des corporations, fit embrigader les ouvriers par corps d'état. Ces associations, favorables seulement à quelques maitres, maintinrent les masses dans la servitude. Sans entrer dans de plus longs détails, nous ferons remarquer :

Que les assemblages par corporations, en paraissant utiles pour la défense, provoquent l'attaque et deviennent bientôt un danger. Ils arrivent bientôt, forcément, à la création de monopoles.

Les classements par corps d'état, emprisonnant en quelque sorte la pensée, détruisent les sentiments d'initiative individuelle, en enfermant les membres du syndicat dans un cercle difficile à franchir.

Souvenir des anciennes corporations

Voici un des exemples qu'un grand nombre de survivants, encore, auront pu voir au commencement de ce siècle.

Malgré la suppression des corporations, en 1789, et même après le premier empire, les jeunes apprentis devaient faire leur tour de France.

Ils voyageaient armés d'une longue canne. A l'entrée des villes ils étaient souvent attendus, puis accostés par des camarades qui, sans les connaître les abordaient en disant *Tope pays. Quel métier ?*

D'après la réponse on s'embrassait ou on se battait. Car il y avait des corporations ennemies. Elles se distinguaient sous les noms de *loups*, de *dévorants*, etc.

Les batailles de réception n'étaient pas toujours sanglantes. Dès qu'un parti s'avouait vaincu, la paix se faisait et on allait boire.

Les révolvers n'étaient pas encore inventés !

Causes et effets des haines professionnelles

Voici quelques exemples dignes d'être médités.

On sait que les métiers de boulanger et de pâtissier se touchent par plus d'un point et se font, par conséquent, concurrence.

Les ouvriers boulangers ayant formé un syndicat, les ouvriers pâtissiers les suivent dans la même voie.

Par contre, les patrons boulangers, comme les patrons pâtissiers, seront toujours forcés de s'organiser également.

Voilà dont 4 partis, 4 tendances à l'inimitié, 4 concurrences d'état et de position, créés par la réunion syndicale des ouvriers boulangers.

Il y aura, entre les 4, un sentiment de jalousie qui dégénèrerait facilement en haine à la moindre excitation.

Mais on remarquera que cette tendance à la séparation d'intérêt, à de petites haines, ne s'arrêtera point encore là.

Tableau des jalousies créées par les syndicats

Prenant pour exemple ce que nous avons cité entre loups, dévorants, etc., nous pourrons former un tableau qui, se gravant dans l'esprit, fera comprendre à tous, le plus grand vice des associations syndicales.

Jalousie ou haine

1° Des ouvriers boulangers contre leur patron.

2° Réciprocité de la part du patron.

3° Des ouvriers pâtissiers contre leur patron.

4° Réciprocité de la part du patron.

5° Des ouvriers boulangers contre leurs camarades pâtissiers.

6° Réciprocité des ouvriers pâtissiers.

7° Patrons boulangers contre patrons pâtissiers et ouvriers.

8° Patrons pâtissiers contre patrons boulangers et ouvriers.

Que veut-on qui puisse sortir de là — sinon l'*an-archie* proclamée par le célèbre Proudhon ?

Ensuite, quels peuvent être les avantages, de cette *gachisserie* d'intérêts ?

Les ouvriers, on le sait, n'ont qu'un seul mode de déclaration dans leurs délibérations syndicales.

« *Augmenter le salaire et diminuer le travail.* » Condition qu'on fait varier quelquefois par l'expression. « *Diminuer le travail et augmenter le salaire* ». C'est là les seules modifications qui se produisent dans ces réunions.

Les patrons ne demanderaient, la plupart du temps, pas mieux que de satisfaire à ces désirs, mais il faut qu'ils comptent, qu'ils vendent, et, surtout qu'ils réalisent.

Les ouvriers n'ont pas à s'inquiéter d'où vient l'argent, ils sont payé par semaines, par mois et aussitôt travail fait.

Le patron, l'industriel, doit faire des achats, des avances, etc. Si la balance n'est pas favorable, il succombe et sa chute est un malheur pour tous.

Outre les dangers d'anarchie créés par les syndicats ouvriers en nombre toujours croissants, il y a quelque chose de vraiment drolatique dans cette multiplication indéfinie d'éléments de plus en plus minuscules.

On ne tardera pas àvoir un syndicat de quatre hommes, sans un caporal, mais ayant président, vice-président, secrétaire général et assesseur. Ils formeront, ensemble ou séparément, une commission *exécutive*. Procédant par intimidation, ils enverront au besoin des délégations pour en imposer aux autorités devant lesquelles ils se présenteront, comme étant les seuls organes de la volonté du pays.

Dans la réunion il se produira de longs discours qui seront publiés dans des journaux, afin que les orateurs soient certains qu'on en parlera dans « *Landernau* ».

Et il faut remarquer, que les discours prononcés dans les syndicats peuvent traiter les questions passées, présentes, et futures, sans nul savoir, sans aucune étude préalable. Les orateurs sont chez eux, ou plutôt chez ceux qui paient pour pourvoir à leur organisation. Mais rarement, les thèmes sont variés, et les conclusions toujours identiques *s'entendre pour faire peu et gagner beaucoup.*

Il se forme cependant des variantes dans les demandes comminatoires qu'on désigne sous le nom de *revendications*,

Parmi celles démodées, cette magnifique maxime que Proudhon et ses co-réligionnaires n'avaient pas inventée mais qu'ils acclamaient avec un aplomb admirable, a presque disparu.

Le Droit au Travail ?

Qui pourrait expliquer cela? Le droit au travail dans un pays libre?

Et dire qu'il y a eu une bataille, une grande bataille, pour faire comprendre que cette maxime était un non-sens.

Aujourd'hui le socialisme a modifié sa formule. Il n'est plus, pour lui, question de travail. La base des *clabaudeurs* c'est de s'emparer, de vive force, des biens de ceux qui les possèdent. « Empochons l'argent, disent-ils, tapons sur les bourgeois et prenons leur place! »

Et puis..... demanderons-nous ?

On pourra me répondre, qu'un député de Marseille, fort connu, a déja résolu la question. Dans une de ses conférences, il dit en parlant de la bourgeoisie, « qu'elle serait, « sous peu, transformée en une espèce de prolétariat qui « n'aura pas même la possibilité de vivre du travail de « ses bras. »

La perspective n'est ni poétique, ni brillante pour ces pauvres bourgeois. On en conviendra. Elle est cependant d'un poète!

Plaies sociales

Dans les réunions syndicales on passe en revue les plaies sociales, et les guérisseurs, radoubeurs, se distinguent par la violence de leurs idées, pour l'application du remède unique que nous avons signalé.

Par exemple, il est curieux de voir la désinvolture avec laquelle on traite, dans la plupart de ces réunions, comme on le continue dans certains journaux, les autorités gouvernementales et législatives.

Appels à la Paresse

L'organisation en associations syndicales professionnelles est un appel à la paresse. Elle pousse à l'ivrognerie, par les réunions forcées dans des cercles, cafés ou buvettes.

La tendance à la paresse est entretenue par l'idée mère de la diminution constante du travail. Cette tendance maintenue par les chefs du syndicat cherchant, disent-ils, l'intérêt des ouvriers, fait croire aux esprits faibles que le suprême bonheur consiste à ne rien faire.

Pour eux, le pays de Cocagne où les perdrix viennent s'offrir rôties; le paradis de Mahomet, où les dattiers courbent spontanément leurs branches chargées, pour satisfaire à l'appétit des élus, voilà le bonheur dans son essence, dans sa réalité, sous sa forme la plus tangible.

Il est vrai qu'on n'a pas encore enseigné, dans les écoles, les principes vrais qui sont la loi de tous, et s'appliqueront aux générations futures, comme ils ont été la règle inconsciente des générations passées.

Le Travail est la loi de l'Humanité

Voilà un principe qui n'a jamais été enseigné sous cette forme et cependant il est de toute vérité.

Supprimez le travail chez l'homme, et l'homme ne sera plus qu'un animal peu différent du singe. Il pourra le dépasser en intelligence, aussi bien qu'à l'éléphant, mais il sera forcé, comme les autres animaux, de vivre à l'heure, et au jour le jour. Et remarquons que l'animal-homme serait le moins favorisé en raison de sa structure.

Tandis que par le fait, et grâce à son travail, l'homme est réellement le maître, le chef sur terre et infiniment au dessus de tous les animaux.

Le Travail produit la plupart des sensations agréables

Pour contribuer au bonheur de l'homme, le travail est le seul point de départ; il rend toutes les sensations agréables.

Ceci pourra paraître paradoxal à quelques-uns, mais c'est

une vérité qui, se dégageant des ombres qui l'ont tenu sous leurs voiles, éclairera le jour, de plus en plus éclatant, des évolutions sociales.

Afin de mieux faire comprendre cette vérité, il faut simplement remarquer :

Que la nature créatrice, en nous donnant des besoins, a attaché un plaisir à la satisfaction de ces besoins.

On a soif. Quel bonheur de boire?

On a froid, quelle joie de se vêtir, de se chauffer.

Or, boire, manger, se vêtir, rien ne se fait sans travail.

L'enfant, à la mamelle, est obligé de sucer pour avoir du lait.

De même que l'hirondelle doit voler, constamment, pour happer les milliers d'insectes qu'il faut journellement à sa consommation, de même, l'homme doit agir constamment, pour se procurer les satisfactions de ses besoins et de ses désirs.

Ceci est trop facile à comprendre, mais on n'y pense pas et nul n'a songé à l'enseigner.

On a dit aux hommes que le travail est une punition. Le contraire serait la vérité.

Loin d'être ce que l'on appelle la fatigue, presque toujours, le travail est un bien hygiénique.

L'hygiène, la santé, sont dans le mouvement.

Les enfants, sont, à cet égard, un enseignement frappant. Que de forces, que de surexcitations, n'emploient-ils pas dans leurs jeux.

Rien ne semble pouvoir les arrêter, mais cela ne dure pas. Ceci tient, à ce que travaillant sans but, ils sont toujours arrivés au point où le jeu doit finir.

L'homme comprenant la prévoyance, ayant divers désirs à satisfaire, travaille plus longuement, met toute son ardeur et toute son intelligence au travail, dont la durée pouvait être au dessus des forces d'un pauvre esclave frappé, mais qui, pour l'homme libre, est limitée par sa volonté.

Ne dites donc plus à l'ouvrier, demandez la suppression des heures de travail, avec l'augmentation des salaires, faites-leur comprendre, au contraire, que le travail c'est la santé, c'est la vie.

Le repos c'est l'inertie entraînant avec elle l'affaissement et l'atrophie.

Dans les zones tropicales, la nature semble prodiguer les richesses, les productions de toutes sortes, et l'homme, n'a qu'à recueillir les biens qui semblent préparés pour lui.

Mais là, soit à cause du climat, soit à cause des mœurs, le travail méprisé, est laissé à quelques classes inférieures. Dans ces pays, si riches la population s'accroît peu et reste pauvre.

Il en est autrement dans les zones tempérées où le travail est la loi générale; l'activité, le mouvement, remplacent, là, les dons de la nature, si bien que, quoique moins favorisés, ces climats, outre leurs produits spéciaux, peuvent encore bénéficier de ceux des régions torrides.

Loi générale des Salaires

En ce qui a trait aux salaires ajoutez, qu'une loi inéluctable s'opposera toujours à des fixations régulières, et surtout forcées.

Qu'on le veuille ou qu'on le veuille pas, celui qui a besoin de l'aide d'autrui, le payera selon ses moyens, et non au delà — ou bien il se passera d'aide.

L'oscillation entre l'offre et la demande, sera la solution éternelle, du problème qui s'imposera à toute société, comme à tout individu.

Si, au lieu d'entente directe, on emploie des intermédiaires avec menaces, la demande comminatoire appellera la guerre et l'industrie s'arrêtera.

Conclusions sur les Syndicats

Aujourd'hui, que la révolution de 89, ayant donné la liberté à tous, a inauguré un état de civilisation, réalisant plus de progrès en un siècle qu'il ne s'en était produit dans les 20 siècles précédents ?

Aujourd'hui que la liberté du travail existe pour tous; vouloir ramener les classifications antiques, organiser des corporations ayant leurs lois, leurs règles, et absorbant au profit de quelques-unes les épargnes et économies de la masse des travailleurs.

Vouloir ramener ces aggrégations et leurs jurandes, ce serait un non sens, une aberration impossible, mais tendant à réaliser le proverbe *du serpent qui se mord la queue.*

Toute tentative de ce genre échouera promptement et sans affecter l'ensemble, produira quelques désastres partiels. On a pu voir, dans l'étude du passé, la réalisation de cette magnifique promesse d'avenir : « La civilisation ne retourne pas en arrière. »

Mais que dire des déclamateurs qui poussent à la résistance et provoquent des malheurs; et de ceux qui se laissent si facilement entraîner à des folies dont ils sont les premières victimes ?

Pensées morales du père Simon

Ici, le père Simon, généralisant et parlant en quelque sorte, au nom de ceux qui étaient en communion d'idées avec lui, ajouta :

Pour nous, qui regardons tous les hommes comme étant égaux, qui ne faisons nulle distinction entre les ouvriers et les patrons, entre les pauvres et les riches, entre les citadins et les habitants des campagnes.

Nous, qui considérons tous les membres de l'humanité comme des enfants de la même famille, dans laquelle les rôles sont forcément différents, mais, où tous, avec le travail, l'intelligence et la volonté, peuvent arriver aux sommets les plus élevés? Nous voudrions les voir toujours unis. Nous déplorons du fond du cœur tout ce qui pousse à l'inimitié, à la guerre!... Nous considérons la société comme un grand chantier où tout le monde travaille, selon sa force et dans la position qu'il peut atteindre.

Mais, dans aucun chantier, on ne peut et on ne pourra jamais, donner à tous la même besogne, le même travail. Les uns sont vifs, alertes, dégagés, les autres sont lourds et pataauds, les uns sont forts et robustes, les autres malingres et chétifs. On ne saurait corriger la nature. Tout ce que l'on peut faire, c'est de se tendre la main de temps à autre, afin que les forts puissent venir en aide aux plus faibles.

Dans le grand chantier de la société, chacun a son rôle, et de l'ensemble des travaux, naissent ces créations, qui font le progrès et le bien-être de l'humanité.

SECONDE LEÇON DU PÈRE SIMON

Les Grèves

Un autre jour que, suivant les entraînements à la mode, nous avions résolu, mes compagnes et moi, de nous mettre en grève, le père Simon nous dit :

La grève est comme une épée à trois tranchants.

Elle blesse en même temps, l'ouvrier, le patron et la société.

L'ouvrier est le plus fortement atteint, il perd son temps, le fruit du travail qu'il pourrait faire, et se berce l'esprit d'idées fausses et trompeuses.

Il agit, sans s'en douter, comme le feraient des abeilles qui voudraient détruire leur ruche. Ayant acquis la liberté et l'indépendance, il consent à s'embrigader dans une cohue, forcé qu'il sera de la suivre jusqu'au bout.

Au lieu de se préparer, par le travail et l'épargne, à conquérir le bien-être de ses vieux jours, il dissipe son petit avoir, dans le fol espoir d'acquérir rapidement la fortune.

Pour lui toutes les joies et plaisirs de la famille deviennent de plus en plus sans valeur ; c'est au bureau des syndicats, cafés et brasseries qu'il apporte son argent et va demander des consolations dans sa déception.

L'ouvrier des villes est la proie du syndicat. Nous l'avons expliqué suffisamment.

Ces syndicats forment une espèce d'institut de police dirigée contre les industriels. Ils sont généralement composés de cosmopolites déclassés, se disant ouvriers mais ne travaillant pas, et vivant aux dépens des cotisations. Ils forment une arme de guerre entretenue sourdement, mais activement et toujours prête à frapper les patrons. S'il y a réussite dans les affaires et que celui-ci offre une gratification à ses ouvriers, ces derniers s'empresseront de porter au syndicat la majeure partie du boni. Lorsque la réussite se renouvellera le syndicat donnera le signal et les ouvriers exigeront de l'industriel ce qu'ils croiront être la meilleure part du gâteau. Au lieu de laisser accumuler le capital ils l'annihileront. Les malheureux agissant ainsi, tueront la poule aux œufs d'or.

Mais les comparses, sortant de l'ombre, amèneront la foule dans la rue, feront dégorger à leur profit les poches de leurs ineptes adhérents — et quoi qu'il advienne, feront luire aux yeux des badauds, un mirage de succès. Cette apparence, ainsi qu'on vient de le voir, n'est qu'une perte réelle pour les ouvriers trompés, mais ils se laisseront encore prendre comme les alouettes à la vue d'un miroir.

La grève cesse !

La force des choses remet l'ordre, mais les intérêts de tous auront souffert, de plus, la blessure ne sera point cicatrisée.

On sait que la paix n'est qu'une trêve, que les syndicats se hâteront de la dénoncer au premier indice favorable à leurs intérêts.

D'un autre côté, si l'ouvrier est puni de la grève, le patron, l'industriel ou chef d'atelier n'en est pas plus favorisé.

Au lieu d'établir ses plans, d'employer ses usines, ses capitaux à préparer des simplifications, à faciliter les ventes en diminuant les prix par la fabrication de plus grandes quantités, il est forcé de vivre au jour le jour, de manière à tenir constamment une balance exacte entre le travail et l'écoulement immédiat.

Grâce à l'influence des syndicats, le patron est prévenu qu'il trouvera, en chacun de ses ouvriers, un ennemi actif, vigilant, sans pitié et prêt à le détruire.

S'il y a des bénéfices, la grève voudra les empocher ; s'il y a perte, que font aux syndicats les ruines des industriels ?

Cela est pitoyable à dire, mais il en est ainsi.

Quant à la société, également blessée par la grève, la souffrance qu'elle lui impose est moins apparente, mais elle est tout aussi sensible.

La sécurité ne s'obtient que par le calme, l'union et l'entretien des forces indispensables pour tenir en respect les ennemis de tous, les bandits, scélérats et autres acabits de même espèce.

Cette sécurité disparaîtra le jour, où quelques individus hélés sur le pavois, et protégés par les masses idiotes et inconscientes, se seront emparés audacieusement de la fortune publique dont ils espèrent bénéficier, mais qui s'évanouira sous leurs doigts au moment où ils croiront la retenir.

La puissance que nous désignons sous le nom *de force des choses*, et qui n'est autre que l'instinct de conservation, lutte lentement, mais victorieusement.

Elle entraîne tout et amène le progrès quand même.

Action et Puissance de la force des choses

Pour mieux faire comprendre la valeur de la loi que nous venons de désigner, nous allons donner quelques exemples de son application.

Choisissons une ville, une capitale, Paris si vous le voulez.

Il y a là une agglomération ayant des besoins journaliers constants et répétés.

Ne prenant pour point de comparaison, que quelques objets de nourriture, on verra qu'il faut à la consommation plus de 300 bœufs chaque jour ; des moutons, volailles, etc. en quantités énormes.

Pour suffire à cette consommation, il se forme un courant continu de préparations, d'envois, de livraisons, qui pourraient se comparer aux myriades de sources, de fontaines et ruisseaux, alimentant les grands fleuves.

Remarquez que la quantité de victuailles, à dévorer, doit être fournie sans arrêts ; et qu'il faut entretenir constamment des réserves prêtes à subvenir aux besoins toujours renaissants.

Ces réserves viennent de tous pays. On les accumule d'un côté, on les épuise de l'autre, mais l'ensemble doit toujours marcher.

Subdivision des produits

Il faut que celui qui a élevé le bétail, qui a récolté le blé, écoule sa marchandise, qui viendra assurer l'existence du consommateur.

C'est un va et vient qui s'impose avec une force irrésistible.

S'il arrivait, comme on peut le voir quelquefois, dans une fourmilière, qu'une cause quelconque, un cataclysme, jetât la perturbation sur quelques points ; de même qu'on voit les fourmis se remettre à l'œuvre après la tempête passée ; de même on verrait, après le trouble, le fleuve d'alimentation et d'échanges, reprendre peu à peu son cours normal. Les obstacles qui s'opposeraient à sa marche, soit pour l'arrêter, soit pour la ralentir, seraient promptement brisés.

Loi des échanges

Un cultivateur élève, à 200 lieues de Paris, des bœufs, des poules, etc. Il ne peut deviner, ni qui les lui achètera, ni où ils iront, mais il travaille et compte sur la vente. A un moment, vient un acheteur, qui revend ensuite. Et le bœuf, la poule et les œufs, passant de main en main, arrivent à la capitale. Pour quelle table sont ils réservés ?

Des intermédiaires

N'est-ce pas, ici, le cas de rire du fond du cœur, de ces prédicateurs socialistes, qui, en même temps qu'ils veulent détruire le capital, veulent supprimer tous les intermédiaires ?

Alors, le marchand d'œufs les porterait à 200 lieues ; à moins que le parisien allât les prendre sur place, en emportant sur son dos les objets à fournir en échange ?

Ce ne serait pas tout à fait le retour à la barbarie primitive, car, dans le principe, les hommes se mangeaient entr'eux. Il n'était nullement question, en ce temps-là, ni du capital, ni des intermédiaires ?

On hausserait simplement les épaules, devant les insignes folies des théories socialistes, si l'on ne savait que les meneurs et déclamateurs ne lancent ces élucubrations de cerveaux fêlés, que pour faire des dupes, en montant sur le dos des imbéciles qui les appuient. Leur but est de s'emparer des meilleures places.

On ne sait vraiment qui admirer le plus, entre l'aplomb et le sans gêne des déclamateurs, et l'imperturbable niaiserie ou idiotisme de ceux qui les suivent à la rescousse.

A la bataille de Juin 1848, Proudhon s'extasiait, disait-il, en admirant la grandeur du spectacle qu'il avait provoqué par ses écrits. Celui-là était simplement un insensé dangereux !

Oscillation forcée des divers prix

Le père Simon nous disait encore :

C'est une abberration complète, un contre-sens absurde d'économie sociale, de croire que celui qui vend, puisse faire le prix de la vente ; que l'ouvrier, quel qu'il soit, puisse fixer le taux de son salaire.

Prenons pour exemple, la marchandise dont l'écoulement est le plus certain : le blé.

Est-ce que l'ouvrier ou paysan qui sème, pourra connaitre le prix de son travail avant que la récolte soit faite ?

Est-ce que la récolte faite il peut savoir combien il a gagné?

Car, il faut vendre cette récolte et connaître les conditions de vente.

Si l'année a beaucoup produit, le travail est mieux payé, et tous y gagnent. Si les récoltes ont été peu fructueuses, les prix seront surélevés. Les paysans consommateurs eux-mêmes devront se restreindre, et auront, par conséquent moins gagné.

C'est une lutte éternelle d'intérêts opposés dans laquelle la violence ne peut rien modifier, sinon jeter le trouble et la discorde en diminuant le bien-être de tous.

Et il nous faut remarquer ici, ajoutait le père Simon, à l'encontre de ces soi-disant pourfendeurs du capital, qui veulent tout niveler pour s'attribuer, sans rien faire, la plus grosse part du travail des autres ; il nous faut remarquer, disons-nous :

Que pour faire du blé, il faut semer.

1° Or, la semence est un capital.

Que pour travailler la terre il faut des instruments et des outils.

2° Or, les outils sont un capital.

Que pour attendre la récolte il faut du temps.

3° Le temps est un capital, car il faut vivre en attendant.

4° Que pour récolter enfin il faut des outils, du travail et pourvoir à la nourriture des travailleurs ; ce qui est un capital, ou des capitaux, n'en déplaise aux plus féroces ennemis de toute propriété.

Et si vous appliquez la même règle à tous les revenus ou produits de travail, vous comprendrez que, sauf de légères modifications, elle est toujours identique.

AUTRE RÉCIT DU PÈRE SIMON

Un autre jour où nous n'étions que trois ou quatre ensemble, et que la conversation était moins bruyante et moins animée qu'aux grandes réunions, le père Simon, par nature, un peu timide au milieu du bruit, et qui ne criait jamais comme les autres lors que tous parlaient à la fois, notre vénérable ami alors en verve prit la parole, et nous raconta les choses suivantes :

Vous avez entendu parler, mes charmantes amies, du village *d'Isoletto* qui est là-haut dans un site pittoresque, après avoir passé les montagnes.

Il est éloigné de toutes les communications.

Pas de grande route, un simple chemin rural unit ce village au pays et, si les neiges, heureusement, rares chez nous, couvraient les montagnes pendant trois ou quatre mois, le village pourrait disparaître sans que l'on sache ce qu'il est devenu.

Sa position dans un fond parfaitement arrosé, au sein d'une vallée délicieuse et réunissant toutes les richesses du sol, lui conserve une importance, productive et industrielle, qui fait, que tous les habitants passent pour être riches, et ont un crédit assuré dans toute la contrée.

Or, il y a quelques années, un ouvrier serrurier, venant d'une grande ville, eut occasion de visiter Isoletto et s'y arrêta.

Cet ouvrier était un de ces grands causeurs, comme il y en a tant en France en ce moment.

D'aucuns pensent même que l'espèce ne tarira jamais.

Il savait par cœur les théories de Proudhon, celles de son successeur Considérant, celles de Cabet l'Icarien, puis l'adjonction des idées des anarchistes, lesquels ne savaient les uns et les autres ni ce qu'ils disaient, ni ce qu'ils voulaient dire; mais qui n'en étaient pas moins considérés par les foules comme des hommes d'un grand talent.

Notre ouvrier serrurier, imbu des grands préceptes, des grands discours et des grandes paroles, des politiciens que nous venons de citer; et auxquels nous pourrions ajouter ceux des clubs, tavernes, cafés, etc. trouva, dans le village, un endroit favorable à l'exercice de son industrie.

Un seul patron serrurier existait, avec un seul ouvrier; il prit la suite du patron en se qualifiant d'ouvrier.

Cet homme venant de la ville n'était pas une exception.

La plaie des grandes villes

On sait que plus les villes sont grandes et populeuses, plus elles offrent de plaisirs, de distractions, de bien-être, et de conforts relatifs. On y trouve, en abondance et à peu de frais, ce qu'il serait impossible de se procurer ailleurs. La spécialisation du travail, l'abondance et quelquefois la surabondance de productions, font, qu'avec moins de peines et de soins, les membres de la cité ont des avantages de toutes sortes, comparativement à ceux que peuvent obtenir les habitants des campagnes.

Ces faits connus de tous, sont évidemment la cause attractive qui porte ces derniers à venir à la grande ville, où, avec un travail moins pénible et l'habitude de l'économie, non-seulement ils vivent plus heureux, mais, souvent ramassent un magot.

Ce magot leur permet, quelquefois, le retour au pays dans des conditions presque fortunées, pendant que ceux qui y sont restés, sont encore au même point relativement au bien-être.

Ces derniers ont été autrement vêtus, autrement logés et autrement nourris. Faudrait-il en conclure qu'ils ont été moins heureux ? La question est discutable. L'habitude permet au cultivateur de supporter un genre de vie plus rude, moins variée de plaisirs. Ce qui serait une grande privation pour d'autres n'existe point pour lui. En comparant le genre d'existence du citadin avec la vie de l'habitant des campagnes, la différence ne serait peut-être pas aussi sensible qu'on le croirait généralement. Toutefois, l'attraction vers la ville est un fait indéniable. Il faut l'admettre sans, cependant, s'apitoyer, comme le font certains esprits, sur le prétendu dépeuplement des campagnes.

Il y a une corrélation constante et forcée, entre le nombre des habitants de la ville et ceux des campagnes. La ville ne vit et ne peut substituer que par les provisions qu'on lui apporte. Si elles devenaient insuffisantes pour la cité, il y aurait dépeuplement en sens contraire.

C'est une loi d'équilibre instable. Elle est semblable à celle que la nature a impérieusement imposée aux flots de la mer et qui forme la garantie, inébranlable, de la plus merveilleuse stabilité.

Mais si la ville offre un point d'attraction qui se justifie, elle a, par contre, des défectuosités, des inconvénients, des dangers que doivent supporter les citadins.

Dans ces vastes agglomérations, il y a, comme un réceptacle de malfaiteurs de toutes qualités, qui, ayant la facilité de se cacher, sont plus difficiles à saisir par la justice.

Il y a, en outre, et c'est sur ceux-là que nous insisterons, des déclassés, des gens sans aveu qui, mus par les plus mauvais sentiments, cherchent à mettre le désordre de façon à pouvoir en profiter.

Ces déclassés sont souvent de beaux diseurs, de grands parleurs. Or, comme dans les états démocratiques, toute personne peut parvenir aux plus hautes positions, il arrive, malheureusement, que des choix faits par une foule inconsciente.

les mettent sur le pavois. Là, leur parole gagnant en autorité, ils acclament les élucubrations sociales qu'ils ont préconisées. Les essais faits pour l'application de leurs théories ont beau être infructueux, ils reviennent constamment à la charge, et cela d'autant plus volontiers que, pendant la lutte, ils trônent en quelque sorte sur la foule.

Ces guérisseurs autorisés, promettant de contenter tout le monde augmentent de fait, l'inquiétude inhérente à la nature humaine toujours en quête de biens nouveaux. Ils avivent les désirs insatiables qui germent dans les esprits. Ils font par leurs promesses illusoires un effet analogue à celui des loteries offrant la fortune à tous.

L'attente trompeuse, bercée par un mirage d'illusions, tient les hommes en haleine vers un but irréalisable ; les esprits excités font qu'ils méprisent les biens réels que le travail pourrait leur procurer.

Le temps seul, en éclairant les masses, donnera le remède contre ces fausses idées.

Suite de l'épisode d'Isoletto

Le lendemain de l'installation, à Isoletto, de notre ouvrier serrurier devenu patron, un petit propriétaire qui avait l'habitude de se servir dans l'atelier, vint commander une serrure. Ordinairement une semblable serrure coûtait 3 francs, mais au moment de régler, l'ouvrier de la grande ville en demanda 30 francs, afin, disait-il, de diminuer la puissance des riches par l'augmentation des salaires.

Le petit propriétaire se récria, mais, en fin de compte, fut forcé de payer, car il n'avait point fait son prix d'avance et devait se soumettre aux exigences du nouveau venu.

Il y eut un commencement de procès et cela fit du bruit dans le village.

En un clin d'œil, tout le monde sût ce qui s'était passé.

Un ouvrier boulanger, greffant sur le serrurier, s'arrêta net au moment où la pâte avait besoin de pétrir et déclara, à son patron, qu'à moins d'une augmentation de salaire 10 fois plus forte (il gagnait 6 francs par jour, il en demandait 60) il ne continuerait pas, et il cessa son travail.

L'exemple du serrurier avait donné l'éveil, celui du boulanger devint contagieux.

Une véritable épidémie, d'augmentation de salaire, s'empara de tous les esprits, et tous les ouvriers augmentèrent leur demande, instantanément, de 100 pour 10 dans les mêmes proportions.

Par suite, le travail fut arrêté. On ne porta plus à domicile.

Les acheteurs devaient emporter eux-mêmes la marchandise. Ceux qui avaient des achats à faire durent les suspendre ou payer des sommes folles. Le transport d'un petit paquet fut taxé 3 fr. au lieu de 30 centimes.

Le premier jour les provisions étaient faites, tout fut à l'avenant et l'on s'aperçut à peine du changement. Cependant on commença à comprendre, que l'idée de l'augmentation de salaire avait fait du chemin.

Le marchand de lait qui vendait une petite tasse 5 cent., en demandait 50 centimes.

Le cireur, décrotteur, qui faisait payer la veille au public, cinq centimes, avait peine à se contenter de 50 centimes.

Cette première journée s'était passée admirablement pour beaucoup de personnes, et, la plupart, étaient satisfaites de gagner du coup 10 fois plus. Les choses semblaient même avoir pris leur cours normal.

La somme d'argent qui était dans le village n'avait pas changé mais le taux avait varié avec celui des salaires.

Ce qui valait 4 fr. la veille en valait 40 le lendemain et ceux qui ne pouvaient atteindre le taux nouveau de l'argent n'avaient qu'à attendre des temps meilleurs.

Commencement des déceptions

Or, il arriva que l'ouvrier serrurier, qui avait provoqué la hausse et gagné 30 francs dans un quart d'heure, fut le premier à s'apercevoir du chemin parcouru.

Allant acheter du pain, qui valait auparavant 45 centimes le kilo, il fut obligé de le payer 4 fr. 50.

C'était bonnet blanc au lieu de blanc bonnet, avec cette différence que, loin de pousser à la dépense, tout le monde s'arrêtait et gardait précieusement son avoir pour être prêt aux éventualités.

Le lendemain était précisément un jour de terme.

L'ouvrier serrurier voulant conserver son logement, fut trouver le propriétaire.

La location était de 60 fr. par année, le propriétaire demanda 600 fr.

Cette augmentation était basée sur celle des salaires, laquelle se traduisant aussi bien chez les propriétaires de maisons que chez le serrurier ; aussi bien chez la trieuse de haricots et le rempailleur de chaises, que chez le décrotteur.

Le nouveau serrurier refusa naturellement l'augmentation.

Le propriétaire le mit à la porte, ce qui amena une espèce d'émeute.

Le juge fut appelé. Les avocats ayant, fait de très beaux discours, ce juge était embarrassé pour rendre une décision, lorsque le propriétaire proposa une transaction.

Vous trouvez le loyer trop cher, dit ce propriétaire, je ne puis, avec la meilleure volonté, vous donner pour 1 franc ce qui me coûte 10 francs ; mais le hasard m'ayant un peu plus favorisé qu'à vous, je vous offre, à bon marché, c'est-à-dire à 60 francs comme au prix ancien, un logement commode et payant peu d'impositions.

Vous voyez d'ici, sur la montagne, un rocher nu, paraissant dominer les étoiles. Sur ce rocher se trouve une esplanade et sur cette esplanade il n'y a rien.

En y apportant des vivres, des meubles et le confort vous serez sûr de ne manquer d'aucune chose et d'avoir un logement au plus bas prix d'autrefois.

L'avocat, renchérissant sur le dire du propriétaire, fit une remarque, peut-être hors de propos, mais qui était dans son droit.

C'est que ce propriétaire en faisant cette offre, avait trouvé la solution du problème tant cherché de nos jours.

Les logements d'ouvriers à bon marché

« En effet, dit-il, certains philanthropes veulent faire faire de jolies petites bonbonnières, où les ouvriers soient logés presque gratis. Or, on ne peut faire ces bonbonnières, confortablement garnies, sans payer la main d'œuvre augmentant, chaque jour, par les grèves et les syndicats.

Fabrication très chère.
Bon marché des loyers. } Le dilemme est embarrassant.

Qui supporterait la différence ou perte ?

Que devient avec cela le principe de l'égalité ?

En reprenant la thèse du député de Marseille, il y aurait un *mezzo termine* ; celui de faire faire tous les travaux de la bonbonnière, *par des bourgeois qui ne seraient point payés.* Mais ce moyen répugnerait peut-être encore à nos mœurs.

Tandis qu'en laissant, à chaque ouvrier, le soin de préparer son logement, son mobilier, le confort ; il pourrait, ensuite coter les journées employées pour son travail, à des prix aussi élevés que cela lui plairait. Il revendrait le tout à la fin de son bail, à moins qu'il préférât l'offrir en location réduite, ou même gratis, à un de ses camarades. »

Après avoir pris quelques instants de repos l'avocat continua :

« Les promesses que l'on fait aux ouvriers de leur donner des logements à meilleur marché que celui que comporte leur prix de revient, sont de même ordre que celles de leur procurer du travail à volonté en le payant selon leurs désirs.

Les meneurs pour obtenir la surexcitation, lancent des mots impossibles qui stupéfient les badauds. Ils font croire qu'ils savent quelque chose. Ils avaient ainsi trouvé le *droit au travail*. Ils l'ont abandonné en le remplaçant par celui des *ouvriers sans travail*. Ils ont inventé *le bourgeois*.

Ils avaient crié à tue-tête à bas les monopoles, et, par la formation de leurs syndicats, ils veulent créer de véritables monopoles.

Demain, sans doute, ils appelleront à leur aide la crise sociale, comme si l'état de crise n'était pas permanent et une suite forcée des organisations humaines.

Les crises ouvrières et commerciales, font comme les flots de l'Océan, qui sont en mouvement, même lorsqu'ils semblent parfaitement calmes.

La tempête peut les soulever, mais les vagues s'affaissent d'elles-mêmes. Les marins prudents ne s'effrayent pas outre mesure de l'oscillation des flots.

Mais que peuvent valoir la raison et le bon sens contre des cohues assauvagies, et dont la folie a atteint son paroxysme ?...

Rabelais s'était moqué à l'avance de ces prometteurs, en inventant un peuple d'uniformité, où, quand l'on avait soif tous avaient soif, quand on avait faim tous avaient faim, etc.

Mais rien n'y fait. Les guérisseurs socialistes, les meneurs, prometteurs et surtout les protecteurs, sont comme ces prophètes mahométans qui apparaissent de temps à autre. Ces illuminés entraînent les masses, font tuer des quantités d'hommes, profitent de leur pouvoir quelque temps, et puis disparaissent laissant des ruines de tous côtés. Les déclamateurs du socialisme suivent la même voie et tendent au même but. S'ils ne vont pas aussi loin, ce n'est pas toujours leur faute. »

Où le Juge déclare la cause entendue

L'avocat adverse ayant répliqué. La cause entendue, le jugement, déclara, que le propriétaire était dans son droit. En second lieu, que ce même propriétaire était charitable, en permettant à l'ouvrier d'aller, à un prix relativement modique, s'installer dans un nouveau chez lui, à l'abri de tout danger, sauf celui d'un tremblement de terre.

Ce ne fut pas le seul propriétaire qui releva ainsi les exigences des locations.

Tous furent immédiatement d'accord.

On proposa alors d'exproprier la propriété en faveur des classes pauvres; mais les ouvriers devaient gagner tant d'argent que le mot de classe pauvre ne put être adopté.

L'argent raréfié

Le lendemain de la grève, une chose à laquelle on était loin de s'attendre, était arrivée.

L'argent était devenu rapidement et extrêmement rare.

Les habitants d'Isoletto ne savaient pas que dans une grande cité, à Paris, par exemple, l'argent existant dans les commerces doit, pour suffire aux besoins de tous, changer de poche quatre fois par jour.

Or, si l'on décuplait subitement le prix de tout, ce ne serait pas quatre fois, mais quarante fois par jour que la même quantité de monnaie devrait changer de maître.

En temps ordinaire, la confiance et le crédit remplaçaient une partie de l'argent monnayé, mais confiance et crédit avaient disparu de notre village, si bien, que chacun gardait précieusement ce qu'il avait, et ne s'en serait dessaisi pour rien au monde.

Ceux qui n'avaient rien commençaient à se serrer le ventre et à dire qu'un pareil état de choses ne pouvait durer.

Cela dura néanmoins jusqu'au lendemain, personne ne voulant céder de ses prétentions.

Le lendemain, comme il n'y avait pas énormément d'argent dans le village, ceux qui le possédaient le gardaient très précieusement.

Ils se privaient de tout, jusqu'à l'heure où ils sentiraient une défaillance.

Ceux qui n'avaient rien ne trouvaient plus ni crédit ni travail.

Leurs ressources s'écoulaient peu à peu.

Ils voyaient avec désespoir l'heure fatale où épuisés, affamés, ils se trouveraient à la merci du besoin.

L'ouvrier serrurier pérorait toujours. Les autres ouvriers, sans travail, toujours mus et entraînés par leur idée, de gagner beaucoup en faisant peu de besogne, commençaient, néanmoins, à vouloir modifier leurs prétentions, lorqu'une idée lumineuse vint à un jeune garçon.

Jacques Bonhomme

Il rappela qu'a une demi-lieue de là, dans un espèce de château ou ferme isolée, un vieillard, du nom de Jacques Bonhomme, aidé par ses trois fils et travaillant avec courage et intelligence, obtenaient de leur terrain des produits magnifiques.

Que cette année, ils venaient de faire une grandé récolte de pommes de terre et que, par suite de l'éloignement, ne sachant, rien de ce qui s'était passé, en s'y prenant adroitement, on obtiendrait ces pommes de terre à très bon marché.

Ce disant, le petit garçon s'élança vers l'habitation de Jacques Bonhomme et le village entier l'y suivit. On ne pouvait pas dire que les gens étaient par l'odeur alléchés, la pomme de terre étant inodore, mais l'espérance de pouvoir en dévorer à satiété animait l'ardeur de tous.

Tous les villageois savaient que le vieux Jacques ressemblait assez à un chien de Terre Neuve, et que ses trois fils avaient beaucoup d'analogie avec des boule-dogues. L'isolement les avaient rendus un peu sauvages — mais cela n'arrêta personne.

Hélas, Jacques Bonhomme était prévenu de la hausse. Dans les campagnes, les nouvelles s'épendent de tous côtés, avec une rapidité inouïe, et notre homme, averti de la faim canine des salariés à haute dose, et des non salariés exténués, avait pris ses précautions pour ne pas être envahi par la foule.

Les arrivants trouvèrent toutes portes fermées et solidement attachées. On frappa. On appela.

Aux premières questions qui lui furent adressées, Jacques Bonhomme répondit, gracieusement, de la fenêtre du premier étage.

On lui demanda s'il avait des pommes de terre à vendre. Sa réponse fut affirmative. « J'en ai beaucoup, répondit-il, mais je ne les donnerai qu'à un bon prix. L'augmentation, produite depuis quelques jours, fait que chacun doit profiter de son avoir.

Ce disant, il présenta des pommes de terre de diverses grosseurs qu'il offrit de vendre à la pièce, 6 francs grosses ou petites à l'avenant. Il n'y avait pas à marchander.

Ceux qui eurent un peu d'argent prirent les pommes de terre au prix demandé.

Les autres, et c'était le plus grand nombre, sentaient leurs forces s'abattre et étaient désespérés.

Tout allait de mal en pis.

Lorsque, par un bonheur inouï, un revendeur qui venait d'une foire voisine, arriva, ayant sur sa charrette un fort chargement de pommes de terre.

Le revendeur, ignorant ce qui avait eu lieu, se contenta d'un bénéfice ordinaire, et Jacques Bonhomme dût s'incliner devant la concurrence, en baissant immédiatement les prix à son tour.

Les gens du village furent généralement acheteurs et à même d'être repus.

Ils mangèrent des pommes de terre, ce jour-là, et purent reprendre le lendemain leurs travaux, dans les conditions normales, sans toutefois que la leçon leur eût été complètement profitable.

Ils se soumirent : non qu'ils fussent convaincus de s'être trompés.

Le levain du sentiment qui les avait portés à vouloir augmenter leurs biens, sans travail aucun, persistait en eux ; mais ils cédèrent à la loi naturelle qui maintient les sociétés et qui, sans être écrite, a plus de puissance que toutes les autres.

Cette loi, nous l'avons désignée sous le nom de : *La force des choses*.

Ce ne fut que peu à peu, en économisant, qu'ils retrouvèrent l'aisance et le bien-être.

L'ouvrier de la grande ville avait disparu

D'aucuns supposent qu'il est encore à pérorer dans les clubs. Je croirais plutôt qu'après avoir mené une vie de fainéantise, il se fait soigner à l'hôpital et continue à vivre, ainsi, aux dépens de tout le monde.

La garde-malade

Peu de jours après le père Simon fut grièvement blessé par accident. Comme mes frères étaient alors trop jeunes, je fus désignée pour aller passer la nuit auprès du brave homme. J'étais seule.

Il semblait être à la dernière extrémité et je n'avais qu'à me tenir assise dans sa chambre.

En contemplant le malade, je songeais aux bonnes paroles qu'il nous avait tant de fois redites, lorsque, je le vis soudain, se soulever sur son lit comme s'il n'avait aucun mal.

J'allais crier, lorsqu'il mit le doigt sur ses lèvres et, me montrant la porte, il fit signe qu'il allait sortir et que je devais le précéder, ce qu'un instinct invincible me força à faire immédiatement.

Sur la porte, au lieu de voir un ciel étoilé, je trouvai l'ombre et, au moment où effrayée, j'allais rentrer, je me sentis entraîner dans les ténèbres. Je ne marchais pas, je volais, et cela dura longtemps.

Tout à coup je me trouvai dans un pays inconnu.

Le pays des bananes.

Je n'avais jamais vu rien de semblable et, cependant, tout ce que j'apercevais me paraissait familier. J'ajustais des noms sans les connaître à des fruits appétissants, qui pendaient de tous côtés aux branches des arbres. J'en cueillais abondamment pour ma nourriture.

Depuis, j'ai appris que ces arbres étaient des dattiers, des bananiers, des figuiers et j'ai même pu voir de leurs fruits exactement semblables à ceux que j'avais remarqués.

Les animaux féroces

Il me sembla que j'étais restée bien longtemps ainsi. Les journées se passaient, toutes les mêmes, et sauf dormir et manger, je ne savais que faire et ne pensais à rien.

Un jour, par une matinée splendide, j'entendis des rugissements épouvantables ; puis, je vis des serpents qui se promenaient autour de moi ; j'eus peur et mon effroi n'eut plus de bornes, lorsque je vis apparaître un lion, que je reconnus immédiatement, ayant vu son image dans un livre d'école.

A partir de ce moment le sentiment me revint, je me souvins de ce que j'étais et je me crus perdue.

Affolée de frayeur, je me précipitai dans la forêt, courant comme une insensée, sans voir les obstacles, les pieds et le corps meurtris ; jusqu'au moment où, ayant aperçu une espèce de niche, dans laquelle se trouvaient un homme et une femme, nus tous les deux, je me précipitai à leurs pieds leur demandant aide et protection.

Les deux sauvages

L'homme et la femme ne se dérangèrent nullement ; j'eus beau leur parler, je voulus les toucher, ils ne m'entendaient pas et ne me sentaient pas. Je compris que pour eux j'étais invisible.

Ne pouvant plus marcher, je me couchai à côté de la niche et fus témoin des scènes de sauvagerie de ces deux êtres, car c'était deux cannibales.

La Femme

L'homme était féroce.

Il frappait la femme à chaque instant.

Il la faisait courir chercher sa pâture, l'obligeait à chasser les mouches, avec une branche d'arbre, pendant qu'il se reposait.

Il l'affligeait de si horribles traitements, que mon cœur se soulevait à les voir, sans pouvoir secourir la malheureuse.

La chair vivante

Un matin, dans un mouvement de colère, il la frappa avec une grosse pierre et, l'ayant abattue, il se mit à la mordre à belles dents, en arrachant la chair qu'il dévorait au fur et à mesure.

C'était son déjeuner.

Le Voyage

Je fus si horriblement frappée d'un pareil spectacle, que je m'enfuis au plus vite, oubliant ma fatigue et parcourant des espaces immenses.

J'avais beau courir, mon voyage ne semblait guère avancer.

Je m'arrêtais de temps à autre là où il y avait des êtres humains, si on peut donner un pareil nom aux assemblages que je rencontrais.

Quelle vie, bon Dieu ! menaient les êtres dégradés que je voyais, et qui ne pouvaient m'apercevoir.

Les femmes partout

C'est surtout aux femmes que je m'intéressais.

Le souvenir m'était revenu. En considérant le sort de ces malheureuses sauvagesses, je trouvais, que princesses, ni reines de sauvages, n'étaient rien à côté de mes camarades. Quelles étaient heureuses mes compagnes, en comparant leur position, avec celle des êtres hideux et abjects que l'on torturait de tous côtés ?

Pauvres femmes

En effet, dans de grands pays, le jour de la naissance d'une fille, était considéré comme un jour de deuil.

Toutes jeunes on les vendait, on les donnait à des seigneurs ou maîtres, qui, après quelques temps, trouvant avoir trop de femmes, les donnaient, les revendaient ou s'en débarassaient en les faisant mourir.

Dans d'autres contrées, lorsqu'on les avait faites prisonnières dans les guerres et pillages, auxquelles elles assistaient sans pouvoir se défendre, on les engraissait pour les manger.

En temps ordinaires, on leur faisait remplacer les bêtes de somme et, frappées à coups de bâtons, porter ou traîner des fardeaux.

On les liait deux par deux, comme des bœufs, pour labourer ou transporter des troncs d'arbres.

Ailleurs, on les forçait à aller à la chasse et à la pêche, pour fournir aux hommes des vivres et des vêtements. On leur donnait les restes des repas, et les os à ronger.

Dans d'autres lieux, on les attachait par le cou, pour les mener, en troupeaux, au marché des esclaves.

Plus loin encore, on les brûlait, où même on les enterrait vivantes à côté du cadavre de leur mari, avec le chien favori et le cheval de bataille.

A côté, pour quelques fautes, souvent légères, ou, simplement pour s'en débarasser, on les plongeait dans des potiches la tête en bas, et on les laissait mourir dans des souffrances atroces ?.......

Tous, considéraient les malheureuses femmes comme des êtres voués à la douleur et les torturaient à qui mieux mieux, sans songer que leur mère était une femme ?.......

Et les sages de tous ces pays, les chefs, les grands comme les petits, les juges comme les bourreaux, trouvaient cela simple, naturel et raisonnable ?

En voyant ces choses, les réflexions surabondaient dans mon esprit. Je me disais :

Y aurait-il une critique de l'humanité, qui vaille le simple récit de pareils faits ?......

Améliorations relatives

A mesure que j'avançais, cependant, il y avait amélioration dans les mœurs. Je commençais à voir des vêtements. Les femmes tissaient pour les hommes, qui, alors, allaient à la chasse pour pourvoir aux besoins de la maison.

Mais, pendant leur absence, les malheureuses étaient enfermées comme dans un puits, sans air, sans soleil, et confinées dans de vrais chenils, où se trouvaient femmes et enfants mélangés comme troupeaux.

Par suite de cette barbarie native, et malgré des progrès réels, en me rapprochant des nations presque civilisées, je trouvais des vestiges de cette servitude des malheureuses que l'on qualifiait, en riant, de la plus belle moitié du genre humain, mais qui était toujours sous le joug de l'autre moitié. *La force prime le droit*, avait dit l'un, mais ceux qui critiquaient la maxime, la mettaient néanmoins en pratique.

Ainsi dans un pays qui, souvent, se proposait comme modèle, la loi qui, dans son essence, doit protéger le faible contre le ort, avait décrété la protection du fort contre le faible. — Là la fille trompée, restait sans défense, à la merci de la risée et de la vindicte publique; tandis que son séducteur, se pavanant impuni, cherchait, hardiment, à faire d'autres conquêtes.

Le vrai coupable assistait en souriant, aux tortures de la victime.

Les législateurs de ce pays n'ont pas vu la contradiciton, qui existe entre les mots inscrits dans la loi :

1° La recherche de la paternité est interdite.

2° La recherche de la maternité sera poursuivie par tous les moyens légaux.

Et c'est là cependant la principale cause, qui arrête le développement normal de sa population.

Pauvres femmes !

Par une autre aberration de mœurs, ne voit-on pas, dans le même pays, le mari qui tue sa femme prise en flagrant délit, acquitté presque toujours, et quasi honorablement, par la justice.

La femme qui saisit, ou fait saisir son mari dans les mêmes conditions, est bien heureuse si elle n'est pas rouée de coups, lorsqu'elle n'a pas de quoi payer un avocat. Et le public la condamne toujours.

C'est l'injustice des temps antiques, se perpétuant par suite de la loi du plus fort.

La force prime le droit.

Cette maxime a malheureusement tant d'applications qu'elle désolerait l'esprit, si on ne savait qu'elle est fausse et n'a que des réussites passagères.

Toutefois, il est des moments, où son succès semblerait démoralisant, s'il n'y avait, au fond du cœur, un sentiment de justice qui finit toujours par avoir le dessus.

L'action de ce sentiment est lente comme le progrès qu'elle précède ; mais, comme lui, elle suit une marche ascendante, élève le cœur de l'homme, et consolide, ainsi, les assises de la civilisation.

Comparaison

Je m'apitoyais sur le sort de ces êtres, sur celui des femmes, d'abord, et plus tard sur celui des hommes, obligés de vivre la plupart du temps à la belle étoile, ou sous des abris insuffisants.

Je regrettais pour eux le bien-être qui régnait dans notre village, où chacun avait ses petits aises. Qui avait des poules et mangeait des œufs frais ; qui, avait une dinde, un cochon pour l'hiver et tous, en abondance, des légumes, des vêtements et des souliers.

Souvenirs de la réalité

Quand je comparais ces choses, j'étais stupéfiée. Considérant, de plus en plus, la différence des positions, je me souvins que chez nous, chaque maison avait des machines, des outils, qui n'existaient point chez ces peuples sauvages.

Les uns, chez nous, possédaient un tour qui leur permettait de faire toutes sortes d'ouvrages ; les autres avaient une baratte pour le beurre ; on fabriquait une foule de choses, au gaz, à la vapeur, et, tout le village bénéficiait, des produits qu'on allait vendre au marché voisin.

Je songeais, enfin, à la grande fabrique, dont le rapport permettait de faire gagner à une foule de fillettes, de quoi vivre d'abord, et de quoi s'acheter, par ci par là, des chaussures, des vêtements, des bonnets, des fichus gracieux, sans compter les jolies toilettes pimpantes des premières ouvrières.

Combien tout cela me paraissait riche et magnifique, à côté de ces morceaux de bois, de ces coquillages percés, de ces plumages bariolés, dont s'affublaient mes pauvres sauvagesses.

A ces moments, j'aurais donné tout au monde pour me retrouver au milieu de mes amies, pour leur dire ce que j'avais vu et leur faire apprécier leur bonheur.

Je me rappelais les propos que nous tenions ensemble, et j'aurais voulu leur faire comprendre, que tout était richesses autour d'elles.

Mais j'étais retenue, malgré moi, et je ne pouvais avancer qu'en voyant, successivement, des êtres paraissant de moins en moins sauvages, mais néanmoins, si éloignés de ceux de mon pays, qu'on aurait dit que les premiers, n'étaient pas même des hommes et que les autres étaient des demi-dieux.

J'aurais voulu parler, faire la leçon à ces pauvres humains.

J'étais dans l'impatience de les trouver aussi en retard, et ne savais comment faire pour leur expliquer mes idées, lorsqu'un grand bruit se fit autour de moi. J'étais sur le bord d'une rivière.

La Fée

Je vis une jeune femme souriante qui me dit : Ici est un monde, là un autre. L'un sera bientôt le passé, l'autre est l'avenir.

Le Fleuve

Ils sont séparés faute d'une machine qui aide à atteindre l'autre bord. Mais je vais en créer une pour toi, car tu as assez souffert aujourd'hui.

La Yole

En ce moment apparut une yole à vapeur, qui glissait près du rivage. La jeune femme me prit la main et nous sautâmes dans la yole, qui nous fit traverser le fleuve en un clin d'œil.

Le Pays des Machines

En arrivant sur l'autre rive, j'entendis, presque instantanément, des bruits assourdissants ; des pilons qui frappaient, des roues qui tournaient, des cheminées qui fumaient.

C'était un spectacle grandiose, magnifique et au milieu de tout cela, des hommes guidaient le mouvement ; des ouvriers bien mis, des contre-maîtres, des ingénieurs, des directeurs, roulaient dans des voitures toutes mues par la vapeur, l'électricité, etc. De tous côtés l'entrain, la gaîté et la réunion de ces mille et mille choses qui font, de la vie, un assemblage de surprises, de joies et de petits bonheurs.

Sous les ombrages il y avait des bals, des danses, dans lesquels chacun s'amusait et semblait heureux.

Tout n'était peut-être pas, encore, pour le mieux dans ces foules, mais je venais d'être témoin des danses des sauvages. Danses féroces, accompagnées de hurlements, de contorsions horribles, et se terminant par du sang, toujours du sang ! Au souvenir de ce que j'ai vu, mon cœur se soulevait plein d'horreur.

Les larmes de joie

Le tableau qui remplaçait celui des danses sauvages, formait un contraste si gracieux et d'une joie si pénétrante, que les larmes m'en venaient aux yeux.

Je crus être dans un vrai paradis.

Au plus fort de mon admiration, la jeune femme, me guidant, s'arrêta en me montrant du doigt, une ravissante petite machine à coudre qui marchait aux chants d'une charmante enfant.

Le Réveil

Je compris le regard de la fée et, au moment où j'allais m'approcher d'elle pour la remercier, je me trouvai éveillée dans ma chambrette, à côté de la machine à coudre que faisait marcher ma plus jeune sœur.

Que s'était-il passé pendant ma longue absence ? je l'ignore ; on me dit que j'étais restée longtemps en léthargie. Le lendemain de mon réveil, en ouvrant ma fenêtre et songeant à tout ce que j'avais vu, je me pris à pleurer.

Vrai Bonheur

Et depuis ce temps-là, quoiqu'il arrive, je me trouve heureuse, 'e suis contente. Quand je compare, ce que j'appellerai le pays sauvage, au pays où sont des machines, je suis dans une telle dmiration, que si j'osais, je me mettrais à genoux devant lles.

Là, finit le récit de la bonne mère Angélique.

Et le père Simon ? demanda une petite voix argentine.

Il guérit et vécut encore de longues années, répliqua Angélique, j'eus le temps de le connaître mieux et lui contai mon rêve.

Il applaudit à la morale qui m'en était restée, et qui m'a poussée à suivre son exemple.

Depuis lors, je prends tout mal en patience, et sais, être heureuse, de ce que possède.

Le travail est mon plus grand bonheur.

Il est en outre mon soutien, et me permet de suffire à des besoins bornés.

L'instinct de la Prévoyance

Lorsque je touche ma semaine, j'en fais deux parts : une pour mes dépenses et l'autre ?... l'autre... Je n'ose trop le dire, reprit-elle en rougissant... Je la garde pour des menus-plaisirs, et puis, comme soutien dans ma vieillesse.

A la suite de son rêve, l'instinct de la prévoyance s'était développé chez la mère Angélique, et il persistait malgré son grand âge.

Cet instinct avait contribué, du reste, à accroître son bonheur et sa gaîté ; car il lui avait permis d'amasser un petit magot.

Tout le monde savait — on sait tout dans le village — que la brave femme avait, largement de quoi vivre sans travailler.

CONCLUSION

Y a-t-il réellement un moyen de faire disparaître le paupérisme, la mendicité et l'indigence ?

Réponse : un moyen direct, *non* ; un moyen approximatif, *oui*.

Ainsi que nous l'avons démontré, ce moyen consiste *dans l'accumulation des richesses permettant de créer des excédants.*

On réduira, ainsi, la pauvreté à des proportions si minimes, qu'en les comparant aux temps passés, on l'appellerait la fortune.

Aller au delà serait suivre une voie impraticable et sans issue.

Lorsque les choses indispensables à la vie, logement, vêtements, nourriture, seront en excédant,— ce que l'on obtiendra par le travail, l'augmentation des machines, et la prévoyance,— les indigents d'aujourd'hui n'existeront plus.

Néanmoins, il y aura toujours des gens, moins fortunés et moins heureux que d'autres. Tous ne seront point également satisfaits de leur sort, et demanderont au delà.

Nous avons établi les manies de l'espèce humaine, se plaignant, s'ingéniant à se créer des souffrances ; nous ne devons point songer à modifier ces sentiments.

Ne pouvant satisfaire des appétits insatiables, il faut se contenter du « Summum » qui sera le lot de l'avenir.

La plupart des individus, dans un état civilisé comme l'est la France actuelle, peuvent se préparer un bien-être pour la vieillesse.

Le moyen est facile et à la portée de tous. Le voici dans sa simplicité :

Aussitôt qu'un enfant, jeune homme ou jeune fille, commence à gagner quelque chose, si peu que ce soit, qu'il prenne, sur son gain, une part régulière, un vingtième par exemple, et qu'il la mette de côté, de manière à la conserver absolument sans y toucher.

Arrivé à l'âge où il devra se reposer, il aura ramassé suffisamment pour les besoins futurs.

Tout gain doit subir cette retenue de prévoyance, car si on se laisse aller, si on arrête le mouvement, le résultat ne sera qu'illusoire.

Sait-on ce qu'une somme minime pourra donner d'intérêts après vingt ou trente ans ? Nous ne ferons pas ce calcul sujet à varier, selon le taux des intérêts. Mais nous sommes certains, qu'il y a dans l'accumulation, un avenir d'agréable vieillesse et même de confortable.

Nous signalerons, à ce sujet, les progrès constants des assurances sur la vie, où l'on ne fait qu'appliquer notre principe.

Nous ferons remarquer, également, que les retraites données par les gouvernements et les administrations sont exactement dans les mêmes cas.

Pour les assurances comme pour les retraites, on verse petit à petit et l'on retrouve, à un moment donné, le produit de son travail et de sa prévoyance.

Si tous les jeunes gens commençaient, et continuaient, comme nous venons de l'indiquer, le vingtième prélevé ne leur paraîtrait nullement une privation.

Si le chiffre de 1|20me était trop élevé, l'avenir enseignera la limite. Mais on peut vivre aussi bien avec 2 fr. 50 par jour, qu'avec 3 fr., et le 20me, mis de côté, passera inaperçu si l'on sait en prendre l'habitude.

On aura ainsi préparé sa retraite soi-même en évitant des frais de gestion.

Mais, de même que la richesse sociale est le produit de toutes les fortunes individuelles, de même la prévoyance et l'épargne générales, ne sont que l'assemblage de l'épargne et de la prévoyance individuelles, dans lesquelles rien ne peut suppléer à l'initiative privée.

C'est toujours la goutte d'eau qui, réunie au fleuve, augmente son volume et, s'en séparant, l'appauvrit.

Prévoir, se préparer un avenir, c'est la seule règle effiace ; c'est la seule maxime à suivre, pour arriver au suprême degré de bien-être dans la vie sociale.

Partant de ces principes enseignés dès l'enfance, on aura des citoyens, des hommes, tous travailleurs, et les obstacles des temps passés ne pouvant se reproduire, la marche du progrès ne sera plus enrayée.

L'imperfection humaine, fait et fera toujours que, malgré les progrès continus, il restera, quand même, des abus et des choses à corriger.

Il faut en prendre son parti. Ne pouvant détruire le mal jusqu'à la racine, on le combattra, en développant, le plus fortement possible, les aspirations vers le bien.

En laissant au travail sa liberté, il prendra de plus en plus, la puissance dont il est susceptible, et, de plus en plus également, on atteindra la somme du bien possible.

Et l'on inscrira comme symbole de l'état social :

PAIX ET SÉCURITÉ, TRAVAIL ET LIBERTÉ

Tout par le travail et la liberté sa sœur, seuls gages et garants de l'indépendance humaine.

FIN.

Marseille.— Imp. Générale, rue Chevalier-Roze, 3 et 5.

SATIRE

RÉPONSE DU PATRON JACQUES BESICLES

A LA CONFÉRENCE DONNÉE

Par le Citoyen Ouvrier CRUCHET

Président du Comité Socialiste, Collectiviste, Mutualiste, Anarchiste, etc., etc., de ***

« Les idées fausses sont le plus cruel fléau de l'humanité. »

Or ça... brave Cruchet, quelle hideuse mouche
A piqué ton cerveau, rendant ton esprit louche ?
Jadis, je te comptais parmi mes bons amis :
Il semble qu'à ma vue aujourd'hui tu frémis ?

Serait-ce qu'autrefois, quand nous étions intimes,
Tu venais m'emprunter, bien souvent, des centimes,
Donnés sans hésiter, remboursés rarement ?
Il faut d'autres motifs à pareil changement.

Tu trônes, m'a-t-on dit, dans un fauteuil antique
D'où tu lances des mots sur la chose publique ;
Modifiant les lois de la société,
Voulant mettre tous biens en collectivité ?

Hélas, ami Cruchet, l'économie humaine
A besoin, comme tout, d'être apprise avec peine.
C'est en étudiant qu'on devient érudit,
La science n'est pas un mystère interdit ;
J'aimerais que chacun arrive à la connaître.
Mais, las ! tout ouvrier ne peut devenir maître.
Il faudrait, pour cela, qu'il eut le temps, le goût ?
A défaut de savoir, on jacasse sur tout.
La plupart, au hasard, chaque jour nous répètent
Des mots qu'ils ont appris très mal. Ils perroquettent
Véritables jacquots, ils rabâchent en chœur :
Idiotismes, non-sens, et propos sans valeur !

Cruchet, t'en souvient-il ? Nous étions à l'école,
Où tu te distinguais par ta vive parole ;
Mais, cessant de parler, tu travaillais fort peu,
Laissant l'étude en plan, et ne pensant qu'au jeu.
Nous entrâmes ensuite au même apprentissage :
L'adresse était ton lot. — Moi, j'avais du courage.
Je devins ouvrier et gagnai comme toi.
Sur mon plus petit gain, je m'étais fait la loi
De mettre de côté, pour des outils, des livres.
J'étudiais le soir quand d'autres étaient ivres !
Un jour un vrai trésor se trouvait amassé :
Je possédais cent francs ! Cela me fut assez
Pour me permettre enfin, dans un bonheur extrême,
De pouvoir m'établir, travailler pour moi-même.
J'avais quelques outils, la jeunesse, l'ardeur
Et devenir mon maître ! Oh ! cela vint au cœur !
Il me fallut subir maints échecs, maints dommages ;
Mais j'ai pu surmonter les plus rudes passages.
En somme, dans quinze ans, car j'en ai trente, ami,
J'ai garni mon grenier comme eut fait la fourmi !
J'ai deux bons apprentis que j'instruis et qui m'aident.
Il se peut qu'au travail un jour ils me succèdent,
En attendant, ils sont enfants de la maison,
Où leur présence fait qu'on m'appelle *Patron*.

Patron ! c'est là le mot qui te met en furie ?
Tu pourrais l'être aussi, mais en changeant de vie.

Ce n'est, ni dans un club, ni dans un syndicat,
Qu'on peut faire un métier, se créer un état.
Mon ami, tu prétends régénérer le monde ;
Tu veux tout réformer, sur la terre et sur l'onde,
En prenant pour appui, pour aide, pour soutien,
Un groupe de bavards qui ne font jamais rien.
Quand il s'agit de noce et de penser à boire,
Vous vous entendez tous comme larrons en foire.

La chûte du patron est votre ardent désir,
Vous y contribuez toujours avec plaisir.
Inique, ridicule et mauvaise pensée,
Qui dans vos entretiens, sans cesse est ressassée !...
Ruiner le chef qui guide et règle le travail ?
C'est le marin sur mer brisant son gouvernail !

Vos associations ne sont que pour bamboches
Rançonnant le public, sans garnir vos sacoches !
Vous bourrez de grands mots de pauvres travailleurs,
Qui, ne comprenant point, vous croient supérieurs.
Oncques l'on entendit tant de vaines paroles,
Tant d'orateurs publics disant des choses folles
Voulant tout partager... excepté les impôts.
Qui paierait alors ?... Les femmes ? Les marmots ?

Hélas ! il est donc vrai que dans l'humaine engeance
On ne trouve, partout, que cerveaux en démence ?...
Sans cela, verrait-on tant de crédulité
S'incliner humblement devant l'absurdité ?

Mais où donc, ô Cruchet, vis-tu, dans ta cervelle,
Que l'on puisse, avec rien, créer œuvre nouvelle ?
Tu veux que l'on procède à d'immenses travaux
Sans outils, sans machine, et sans des capitaux ?

Avec des malheureux côtoyant la misère,
Tu fais de longs discours... humant des pots de bière,
L'auditoire, trompé par un speech redondant,
S'enthousiasme, applaudit et paie en attendant.
Tous supposent qu'un jour tu deviendras ministre
Et qu'alors, en changeant la couleur noire en bistre,

Tu rendras la monnaie aux avances qu'ils font.
Pauvres gens ! leur argent roule au tonneau sans fond !

« A bas le capital, le bourgeois et le riche ! »
C'est le sacramentel que tout radical cliche.
C'est ainsi dans les bois que s'exprime un bandit.
Mais il parle à voix basse et nul ne l'applaudit !

Vous voulez, dites-vous, réforme socialiste,
Communaliste et... pourquoi pas naturaliste
Au fond, dame nature, a créé l'homme ainsi :
Le sauvage est sans lois et vit sans nul souci.
Toutefois, le matin, l'estomac lui démange,
Il doit chercher des fruits, d'autres choses qu'il mange.
Si le bananier, la datte, la primeur
Lui font défaut, il souffre, il râle, puis il meurt :
A moins que, rencontrant un autre pauvre diable,
L'un d'eux serve de mets pour nourrir son semblable.

Sais-tu bien ce que c'est que *la propriété* ?
C'est l'*instrument bâton*, par l'un d'eux apporté.
L'un, était sans défense, et l'autre avait pour arme,
Un tronçon détaché des branches d'un vieux charme.
Que pouvaient deux bras nus pour détourner le choc
D'un bâton, d'une masse ou d'un éclat de roc ?
Quelle que soit la force et l'ardeur qu'il possède,
Il faut que quelque outil à l'homme vienne en aide.
La machine est un bras que l'ouvrier conduit ;
Et vos grands discoureurs prétendent qu'elle nuit ?
On la nomme *Assassin !* Pauvres gens, pauvres hères !
Peut-on dans les esprits semer telles chimères ?
C'est Gribouille dans l'eau, craignant d'être mouillé !
Un vaisseau naviguant sans être chevillé !
Réellement, il faut être plus que stupide
Pour oser débiter une phrase homicide
Telle que : « *La machine est un assassinat* » (1)
Cruchet, l'auteur du mot, n'est pas un scélérat !

(1) Extrait du compte-rendu publié par un ouvrier à la suite de sa visite à l'exposition de Paris.

Je lisais l'autre jour, le discours d'un des vôtres.
Ils sont délicieux parfois ces bons apôtres.
« Prenons le bien de tous » disait-il carrément
« Nous nous enrichirons, sans peine et vivement »

Ah ! citoyens, vraiment, vous êtes trop honnêtes
En dévoilant ainsi le motif des sornettes
Que couvre le vernis de mutualité
Prendre le bien d'autrui ?... Douce naïveté !

Ce n'est pas d'aujourd'hui, qu'un semblable langage
Apporte dans les cœurs un désastreux ravage.
Ce n'est pas d'aujourd'hui que des esprits surpris
Se laissent entraîner par des mots incompris !
« *Il faut disait Proudhon que l'ouvrier reçoive*
« *Soixante francs par jour pour qu'il mange et qu'il boive* »

J'ai vu partir Cabet, ses disciples nigauds
S'élançant vers Icare et revenus. . penauds.

Je vis de Saint Simon les apôtres étranges
Creusant dans l'inconnu pour devenir des anges ;
Appliquant de *Fourier* les vagues errements
Et de *Considérant* les vastes boniments.
Tous ces grands novateurs ont disparu. — Nul reste
Sinon dans vos esprits un souvenir funeste
— Qui, vous laissant bercés par leurs illusions,
Vous entraine et vous livre aux divagations !

— Enseignez aux enfants la parole sublime
Qui dit : « *Prendre le bien des autres est un crime* »
Ajoutez « *Qu'on ne peut avoir de liberté*
Sans LA BASE ET L'APPUI DE LA PROPRIÉTÉ !

Et vous aurez plus fait, pour la famille humaine,
Que tous vos discoureurs, clamant à perdre haleine,
Supprimant le salaire et voulant que l'honneur
Soit seule récompense au plus rude labeur.

Reprenant les erreurs des anciennes jurandes,
Vous voulez vous parquer par métiers, par bandes,
Confinant le travail en augmentant ses frais,
Vous poussez à la guerre en invoquant la paix !

Supposez qu'en un jour on double tout salaire ?
L'ouvrier, pour cela, fera-t-il double chère ?
Le pain sera plus cher, la viande également,
Le loyer, tout enfin, proportionnellement
Doublera de valeur. — Le lendemain, en somme,
Pour avoir même objet il faudra double somme ;
Doublez ainsi, triplez ce compte.. Supputez
Vous comprendrez enfin. Non, vous vous emportez !
Le calcul est si vrai, si simple qu'il est bête...
On vous a tant corné de chimères en tête,
Que logique et calcul sont pour vous sans valeur
Partager — prendre tout — *le plus est le meilleur*

Heureusement, Cruchet, nous avons les gendarmes, !
Et nous-même, au besoin, nous prendrions des armes
Pour défendre et garder contre tous ravisseurs
Le boni du travail mouillé par nos sueurs.

TOUT HOMME EST OUVRIER. L'un agit, l'autre pense.
Tous ont le même but : *Vivre* — et leur dissemblance
Ne provient que des mœurs, de l'éducation.
— Tous ne peuvent avoir même condition.
Pourquoi l'un est-il sain d'esprit, l'autre malade ?
Pourquoi donc l'idiot, le fou ? Cher camarade ?
L'un souffre au lit et l'autre au loin porte ses pas
L'un pleure et l'autre rit. . Mais tous vont *au trépas* !
La seule égalité, c'est la mort qui la donne.
Jusque là, nul ne peut faire de sa personne
Que ce que lui permet, sa force... sa santé.
Quelle aide lui donner ? Rien que la *Liberté*.
Non cette *liberté* d'un pouvoir despotique
Dont on veut s'étayer contre la paix publique ;
Mais celle qui maintient les intérêts rivaux
Garantissant à tous, les fruits de leurs travaux

Ah ! ne me dites plus de ces vieilles sottises,
De vos clubs enfumés ne faites point d'églises
Où l'on parle travail, ne sachant que flâner.
Il faut semer du grain pour qu'on puisse glaner !
De faire ce qu'il peut, que chacun s'accomode.
Travailler, *quand on veut*, paraîtrait plus commode,
Pourvu que, dans ce cas encor, maint travailleur
Ne trouve trop ardu ce genre de labeur.

Cruchet, je vous ai vu, souvent, à la buvette
Moi, j'étais à l'ouvrage. Or, par droit de conquête,
Vous voulez m'empêcher de mettre de côté :
Pour prendre mon épargne en collectivité ?
De l'œuvre de mes mains, de mon intelligence,
Le produit m'appartient, pas à d'autres, je pense !
Bravant, en souriant, les appétits jaloux,
Je saurai le défendre envers et contre tous.
Je me suis fait un lit. A qui voudra le prendre,
Je dirai : « Braves gens, allez vous faire pendre,
« Si vous comptez vous mettre au-dessus de nos lois
« Justement comme font les voleurs dans les bois.
On punit les voleurs. — Au club on vous tolère.
C'est qu'on sait parmi vous que plus d'un pauvre hère
Vous suit insciemment croyant en vos discurs.

Je vis un paysan, qu'un de vos grands hâbleurs
Endoctrina sans peine et conduisit en ville.
Ils répétaient, en chœur, qu'à leur désir docile
Le bourgeois donnerait le travail et le gain
Et le surplus choisi !.. Vite arriva la fin :
Après avoir au club versé sa maigre obole,
Le bonhomme comprit que la grande parole
De l'entraîneur, n'était en somme qu'un vain mot.
Il dût, à son foyer, retourner tout capot
Et fut trois fois heureux de retrouver au gîte
Du pain quoique un peu dur... Laissant là la poursuite
De l'œuvre ayant pour nom « *Problème social* »
Le bonhomme est chez lui... l'autre est à l'hôpital

Jadis, on adorait les maîtres de la terre ;
On rampait à leurs pieds, soit en paix, soit en guerre.
Aujourd'hui comme alors, honorant le pouvoir,
Vers le *nombre ouvrier*, se tourne l'encensoir.
On puise à pleines mains, dans la caisse publique
Pour permettre à leurs clubs de se donner réplique
Et lancer le produit d'élucubrations,
Excitant, sans mesure, aux folles passions.
On est abasourdi, de l'humaine faiblesse,
Lorsqu'on voit, sans pudeur, pour vous mettre en liesse
Prendre dans le trésor le solde des meneurs
Qui dirigent le vote et donnent les honneurs !
Et l'ouvrier, flatté, parfois se croit un maître ?
Un maître pour un jour, si cela pouvait être !

Mais ce jour écoulé, tout reviendrait à point.
Il n'est qu'un maître, un seul, il se nomme *Besoin* !

Supposez son absence et le monde s'efface..
De haine ni d'amour, nul souvenir ni trace
Et bientôt le néant, supprimant l'avenir,
Arrêterait douleur, espérance, désir !

Besoin fait le *Progrès*, qui le suit et l'entraîne !
Si l'un veut s'arrêter, l'autre aussitôt l'enchaîne.
Leur course est sans limite et dans l'immensité
Ils portent les drapeaux de Paix et Vérité !

Marseille.— Imp. Générale, Achard et Cie, rue Chevalier-Roze, 5.

www.ingramcontent.com/pod-product-compliance
Ingram Content Group UK Ltd.
Pitfield, Milton Keynes, MK11 3LW, UK
UKHW031922260826
14628UKWH00003B/1353

9 782013 417914